ちくま学芸文庫

議論入門

負けないための5つの技術

香西秀信

筑摩書房

目次

本書は、一九九六年九月、明治図書出版より『議論の技を学ぶ論法集』（「オピニオン叢書 29」）として刊行された。文庫化に際しては、著作権継承者の了解のもと、タイトルを改めた。

議論入門——負けないための5つの技術

序――議論の技を学ぶ

［一］ 本書は、議論指導に関心のある教師に、指導のための補助資料を提供するという目的のもとに執筆されたものである。

［二］ 最近、ディベートや討論など、議論領域に属する活動の重要性が指摘され、その実践も盛んになってきている。そのこと自体は大いに結構であり、喜ばしいことであるが、一般的に見てそれらの指導には大きな欠点がある。それは、そこでは議論という活動を体験させることが授業の主たる目的となってしまっていて、議論に勝つための具体的な技はほとんど教えられていないということである。意見を主張する時には、ただ言いっぱなしではいけない、必ずそれを支える根拠をも述べなくてはならない、論証しなくてはならない――このようなことはどの教師でも指導していることなのであろうが、肝心の論証の方法やその種類についてはほとんど（多くの場合には全く）教えていないため、生徒は無手勝流で議論することになる。これを譬えると、

柔道で、大外刈りや十字固めなどの個々の技を全く教えずに乱取りばかりやらせているようなものだ。多少の組み手勘は身につくかもしれないが、技術の進歩は望むべくもない。同様に、闇雲に議論ばかりさせたところで、議論の技術は向上しないのである。ディベートの実践記録などを見ると、生徒の議論の粗雑さ、単調さが目につき、子供のチャンバラを見せられているような印象が残るが、これは議論における論証の方法（論法）を教えられていないことによる。素人の棒振り剣法ではいくら練習しても駄目なのだ。これは意見文のような議論文指導においても同様である。意見文が感想文の域を出ないという不満が出るのも、論証部分が貧弱なため、意見が主観的な感想以上のものにならないからなのである。

［三］したがって、議論指導の基礎訓練として、ある事を論じる（論証する）にはどのような方法が可能かということを取り立てて教える必要がある。本書では、まずそれを指導する教師に、基本的な論法についての様々な情報を与えることをねらいとした。ただし、本書で扱った議論の実例は、私が自分の教室で教えている生徒（すなわち大学生かそれと同レヴェルの学生）に合わせて収集したものであるから、小学校や中学校の教師が、それをそのまま教材として利用するには無理がある。だから、この

本で、基本的な論法について学んだら、その実例は自分の生徒に合わせて自分で集めていただきたい（場合によっては、ご自身で作例していただきたい）。議論指導の初期段階では、なによりもまず良質の議論（文）を大量に読ませることが最も効果的だからである。なお、蛇足ながら一言付け加えておけば、議論指導においては、教科書教材はほとんど役に立たない。なぜなら、優れた議論文は例外なく思想的・政治的に「偏った」ものであるが、教科書に載せられた議論文は、どれも「中立」かつ「上品」で、議論文としては余りにも「毒」のなさ過ぎるものばかりだからだ。よく高校の教科書などで、「哲学者」の書いた詰まらぬ「人生論」が、「議論文」（論説文）の例としてあげられていることがあるが、これは教科書編集者の見識がないのではなく、ああいう文章でなければ教科書に載せることができないからなのである。試みに、戦後の論壇で話題になった文章を幾つか思い浮かべてみればいい。そのどれ一つとして、教科書に掲載したらまず検定にはパスしまいというものばかりである。議論文というのは、本質的に教科書とは馴染まぬ種類の文章なのだ。したがって、補助資料として、生徒に議論文の例を与える際には、その内容的「偏向」を気にする必要は全くない。議論として優れていると思えば、管理職が目を剝くようなものであってもいいのである。

私はかつて、ある言語教育研究者（故人）の書いた、清々しいほど「偏向」した書物を読んだことがある。その本の中では、明晰で鋭い議論文の例はすべて左翼系の人の文章からとられ、逆に詭弁の例はみな保守系の論客の書き物から選ばれているのだ。が、私は、これでも全くかまわないと思う。もし、この書物に、読者の論理的思考力・議論能力を向上させる力があるなら、それによって向上させられた読者は、容易にその選択上の「偏向」を見破るであろうからだ。逆にいえば、そのような読者を育てられるかどうかが、その書物の試金石である。自らを否定する読者を育てることによってのみ自らが肯定されるのだ。

［四］　蛇足にしては長すぎたようである。ここで、私が議論指導の出発点として選んだ、基本的な論法の種類を示したい。「定義」・「類似」・「譬え」・「比較」・「因果関係」の五つがそれである。この分類については、何か特別の演繹的根拠があるわけではない。私の一応の専門である古典修辞学での論法分類をもとにして、不要と思われるものは削除し、包含関係にあると考えられるものは一つにまとめて、大体独立していると思われるものを選んだ結果である。(1)論法の名称が奇妙に感じられるかもしれないが、これも古典修辞学での名称をそのまま借用したものだ。なお、この分類はあく

までも整理上の方便にすぎないものであり、選言的（disjunctive）な厳密さを有するものではない。つまり、ある論法の型に所属させた議論が、観点を変えれば、別の型に分類されることもありうるということである。

［五］　右の「不要と思われるものは削除し」について、一言説明を付け加えておく。本書では、日常議論に頻繁に現れる論法であっても、原理が単純で、それを学ぶことが議論技術の鍛練につながらないようなものは省いてある。例えば、「証言および権威」という論法がまさにそれにあたる。これは、ある対象についての判断を、その対象の「当事者」の「証言」や、それに関する専門的知識を備えている人の意見を根拠にして主張する論法である。実例を二つほどあげてみよう。

ちょうど先だっての三月、朝日新聞社主催で〈日本の目　ドイツの目〉と題されたシンポジウムが開催されたが、そのおり、出席者である西ドイツの前首相・シュミットは「外国人労働者受け入れについて日本はどうすべきか？」という質問に対して次のように答えている。

「西ドイツでは四百万人の外国人労働者の半数がトルコ系である。これは、むしろ不幸な出来事に属する。トルコ人はイスラムという異文明に属している。それが融和を難しくしている。日本は西ドイツと同じような冒険をしないほうがよい」

シュミットのこうした回答からは、外国人労働者の問題に関しては、もはや、きれいごとではすまされないところまできた西ドイツの苦悩のほどがきわめて象徴的にうかがえる。

（西義之『繁栄西ドイツが落ちた罠』(2)）

この伝統的語学教育とその他の学科との相関性ということに関して、私が留学していたころの西ドイツのミュンスター大学の学長クレム博士の言葉を紹介しておきたい。クレム博士は著名な化学者であるが、同博士の長い間の経験から言うと高校《ギムナジウム》における理科の成績は、大学における化学研究者としての成績にほとんど関係がない。ところが高校でギリシャ語の成績がよかった学生は、高校では理科をやっていなくても、研究者として大成する率がはるかに高い。化学の研究者になりたいなら、高校で理科の実験などするよりも、ギリシャ語でプラトンを読んできた方がよい、と言うのである。クレム博士の言うのは高度の化学研究者のことであろうが、語学と他学科の相関性が比類なく高いことを証明する面白い発言である。

（渡部昇一「亡国の「英語教育改革試案」」[3]）

どちらの例も、「証言」と「権威」の両方の性格を備えている。このような論法は、日常議論での使用頻度は高いが、それを扱うにはとりたてて言うほどの技術を必要としない。もっぱら、知識の多寡によって勝負が決まるのである。だから、この論法によって組み立てられた議論文を沢山読んだところで、それによって議論勘が養われ、議論技術の向上に役立つということもない。したがって、ある意味では重要な論法ではあるが、その使用に技術が関与する度合いが低いということを考慮して、本書での考察対象からは外すことにした。

［六］　断わる必要もないと思うが、この五つの論法で、議論法のすべてが説明できるわけではない。議論は多彩で複雑なものであるから、それに熟達しようと思えば、より多くのことを学ぶ必要がある。また、出来合いの論法を学ぶだけでなく、状況に応じて自ら新しい論法を作り出す能力も身につけなくてはならない。が、それはある程度のレヴェルに達した後で悩めばいいことであり、本書で扱った程度の論法を習得

していない人には無縁の話である。まずは基本から始めていただきたい。(4)

[注]

(1) 古典修辞学で体系化された論法の型をトポス(τόπος)という。トポスについては、以下の拙著を参照されたい。香西秀信、『反論の技術』、明治図書、一九九五年、七九―九三ページ。

(2) 光文社、昭和六三年、一二一―一二三ページ。

(3) 平泉渉・渡部昇一、『英語教育大論争』、文藝春秋、(一九七五年)一九八一年、四四―四五ページ。

(4) 本書の第1章から第3章までは、すでに発表された論文にもとづいているので、ここにその初出論文を記しておく。ただし、いずれも大幅に加筆・修正してある。

第1章――「説得的言論の発想型式に関する研究(2)――類および定義からの議論」、『宇都宮大学教育学部紀要』、三九(平成元年二月)第一部、一―一三ページ。

第2章――「正義原則と類似からの議論」、『日本語と日本文学』、一六(平成四年二月)、九―一八ページ。

第3章――「「譬え」による議論の修辞学的分析」、『日本語と日本文学』、一三(平成二年一〇月)、一―九ページ。

第1章

定義

1　最も必要なことだけの定義
2　説得的定義――論証的定義
3　定義としての名づけ
4　反論に関する若干の注意

1　最も必要なことだけの定義

定義からの議論を論じるにあたっては、私がここで使う「定義」という言葉の意味が問題となってくる。序でも述べたように、この論法の名称は古典修辞学のそれをそのまま借用したものであって、われわれが普通「定義」という言葉で納得しているものとはだいぶ異なるからだ。したがって、まずは、私がこの名称でどのような議論の型（論法）を意味させているのかを、具体例を使って説明することから始めたい。

現代アメリカを代表する作家ジョン・バース（John Barth）が二四歳の時に書いた小説『旅路の果て』（*The End of the Road*, 1958）は次のような書き出しで始まる。

「ある意味で、ぼく、ジェイコブ・ホーナーだ。ぼくが教職についたのはドクターの指導に従ったからで、しばらくメリーランド州のウィコミコ州立学芸大学で英文法の教師をした」。ジェイコブ・ホーナーが教職についたのは単なる職業選択ではなかった。彼は人生において何の役も演じられない、あるいは少なくとも、どんな役にしろ継続的に演じるだけの安定性がないという一種の精神病に罹っており、その治療の一環として、文法の教師になることを要求されたのである。最初は嫌々ながらの教職ではあったが、元来が教師に向いていたジェイコブは、次第に「教えることに夢中に」なってくる。しかし、好事魔多し。生意気な学生から、早速面倒な議論をふっかけられることになる。引用は少し長くなるが、ここはひとつ両者の対決を眺めてもらおう。

「ねえ、先生」とウルサ型が抗議した――もちろん、こういうのは教室のうしろのほうにすわっている――こんななまいきなのは、できれば落としてやろうと早くからぼくは決心していた――「どっちが先なんです、英語ですか、英文法の本ですか?」

「何を考えているんだい、ブレークスレー君」ぼくは彼のゲームに加わるのを拒否して、こうきいた。

「いや、文法の本を書くより先に人間はしゃべっていたし、本は、人間がどんなふうにしゃべるものか説明したんだ、と考えるほうが理屈に合っていますよね。たとえば、ぼくのルームメートが電話をかけていたとすれば、ぼくは「だれと話していたの」(Who were you talking to?) ってきく。このクラスのだれだって、そう言うと思う。きっとアメリカ人の九十九パーセントまでがそう言うと思うんです。だれもTo whom were you just now talking? なんて言わない。先生だって言わないだろうと思う。だって、変じゃありませんか?」クラスの者が忍び笑いした。「ところが、ここは民主主義の国のはずでしょう、だったら、少数の教授がTo whom were you just now speaking? なんて言っているだけで、ほかにはだれも言う人がいないのに、先生以外の全員がまちがっているようなことをなぜ言うんですか? 規則を変えればいいじゃないですか」

ジョー・モーガン型だな、こいつ。道は人の歩くところを以って道となす。ぼくはこの厚かましさを憎む。

「ブレークスレー君、君はチキン・フライを手で食べるんだろうね?」

「え? もちろん。先生は違うんですか?」

クラスが笑いを押さえている。この決闘に注意を集中しているのだ。だが、たったいま、こうやって、かなり決定的な攻撃をした段階に至ると、まえほど彼に対して無条件の味方はしていない。

「朝食のときのベーコンはどうかな? 手かい、フォークかい、ブレークスレー君」

「手さ」と挑戦する。「もちろんさ、手のほうがフォークよりも先に発明されたんだもの、英語のほうが文法の本より先に発明されたのと同じです」

「しかし、きみの手のほうが先じゃないだろう、よく言うことだが」とぼくは冷静に微笑して、「それに、君の英語のほうが先ということもないはずだ！」クラスは今や保留なしでぼくの味方だ、規範文法の勝利だ。

「問題は」とぼくはクラス全体に向かって結論する。「もしぼくたちが、まだ野蛮人の段階なら、ブレークスレー君がブタみたいな食べ方をしても自由であって、規則を破ったことにはならない、破ろうにも規則がないんだからねえ。だから「だって、変じゃありませんか?」と、いくら言っても、無学文盲ということにならない。読み書き——文法の規則——なんてものが発明されていないんだから。しかし、いったんエチケットなり文法なりの規則の体系が決まってしまい、規範——つまり理想だな、平均じゃあないよ——として一般に受け入れられてしまうと、この段階で、それを破るのは自由だが、野蛮人ないし無学文盲と一般に取られることを覚悟していなければならない。規則がどんなに独断的で不合理なものであろうと、それは世間の約束なんだ。しかも言語の場合には、さらにもう一つ、どんなつまらない規則にも従うべき理由がある。ブレークスレー君、「馬」(horse) という単語は何を指す?」

ブレークスレー君はむっつりすねた顔をしていたが、「動物。四つ足の動物」と答えた。

「そう、学名エクウス・カバルス」とぼくは同意して「硬いヒヅメの草食哺乳動物だ。ところで代数の記号でXは何を表わしますか?」

「X? 何でもいい。未知数だから」

「そのとおり。じゃ、Xという記号は何でも、ぼくたちが表わしたいと思うものを表わしている、与えられた方程式の中でいつも同じものを表わしているかぎりはね。しかし「馬」というのも記号にすぎない――ぼくたちが喉で出す音、あるいは黒板に書いた字だ。だから理屈から言えば、これだって、何でも、ぼくたちが表わしたいと思うものを表現させていいわけだろう? つまり、きみとぼくで、ぼくたちのあいだだけでは「馬」という単語に「文法教科書」という意味をもたせることに決めれば、「馬の二十ページを開いてください」とか、「きょうは教室に馬を持ってきましたか？」とか言えるはずだ。それでもぼくたち二人は意味が通じるはずだね？」

「ええ、通じるでしょうね」心の底からブレークスレー君は反対したいのだ。どうもワナにかかっているという気がするのに、逃げられないでいる。

「もちろん通じるさ。しかし、ほかのひとは、だれも、ぼくたちの言うことがわからない――これは暗号の大原則になるわけだ。だが「馬」という記号がエクウス・カバルスじゃなくて、文法教科書を指してはいけないという、究極的な理由なんぞ存在しない。単語の意味はたいがい一方的な世間の約束、歴史的偶然だ。しかし、この件に関して、きみやぼくに発言権のないうちに、「馬」という単語はエクウス・カバルスを指すんだと決められてしまった。だから、ぼくたちが文を書いて、非常に多数の人に意味が通じるようにするためには、世間的約束に従わなければならない。エクウス・カバルスを意味するときには「馬」と言い、このの、ぼくの机の上にある物体を意味するときには「文法教科書」と言わなければならない。規則を破るのは自由だが、意味が通じることを考えているなら破れない。もしも意味の通じることを望む気があるなら、規則に対して「自由」になる唯一の道は、規則を完全にマスターして、第二の自分にしてしまうことだ。ここに逆説《パラドックス》があるわけで、いかなる種類の複雑化した社会においても、通例ひとは、その社会の規則を受け入れる量に比例してのみ自由である。アメリカにおいて、どちらのほうが自由であるか？」とぼくは最後に質問した。「あらゆる法規に反抗する人間か、あるいは、それに自動的に従って、そんなものの存在を考える必要さえ皆無の人間か？」（ジョン・バース『旅路の果て』(1)）

ジェイコブ・ホーナーがここで説明しなくてはならないのは、「なぜわれわれは文法規則に従わなくてはならないか」ということである。彼はその理由として、次のように言う。「いったんエチケットなり文法なりの規則の体系が決まってしまい、規範――つまり理想だな、平均じゃあないよ――として一般に受け入れられてしまうと、この段階で、それを破るのは自由だが、野蛮人ないし無学文盲と一般に取られることを覚悟していなければならない。規則がどんなに独断的で不合理なものであろうと、それは世間の約束なんだ」「単語の意味はたいがい一方的な世間の約束、歴史的偶然だ。しかし、この件に関して、きみやぼくに発言権のないうちに、「馬」という単語はエクウス・カバルスを指すんだと決められてしまった。だから、ぼくたちが文を書いて、非常に多数の人に意味が通じるようにするためには、世間的約束に従わなければならない。エクウス・カバルスを意味するときには「馬」と言い、この、ぼくの机の上にある物体を意味するときには「文法教科書」と言わなければならない。規則を破るのは自由だが、意味が通じることを考えているなら破れない」。――つまり、彼は、文法あるいは言語のもつ性質のいくつかを指摘することによって、自らの主張の根拠としているのである。これが私の言う定義からの議論の一例だ。すなわち、定義からの議論とは、議論の対象となる「もの」の性質を、議論の必要とする限りにおいて指摘して、自らの主張の根拠とする議論の型を意味する。議論の根拠が議論の対象それ自体の性質から導かれるという点において、つまりそれと類似したものや因果関係にあるものなどによって論証するのではないということから、最も正攻法の論法と言うことができるだろう。

ここで特に注意していただきたいのは、「議論の必要とする限りにおいて指摘して」という条件である。これが通常の「定義」と最も異なるところだ。つまり、定義からの議論における定義とは、対象の定義そのものが目的なのではなく、あくまでも論証のための材料にすぎない。それはラオスベルク（Heinrich Lausberg）が言うように、論証において、「思考の筋道をつけるための手助けとして」[2]（als Hilfe für den Gedankengang）のみ機能する。だからそこでの定義が完全で正確な定義である必要は全くない。議論の目的に役立つ程度に不完全であっていいのである。例えば、ストリキニーネ（strychnine）を「微量以上服用すると死に至る毒性の液体」と定義するのは不正確（不完全）である。ストリキニーネ以外にも、この定義に当てはまるものが沢山あるからだ。このような定義は、アリストテレス（Aristotelēs, 384-322 B. C.）やキケロ（Marcus Tullius Cicero, 106-43 B. C.）の時代から、誤った定義の代表格のように取り扱われてきた[3]。が、この興奮剤の危険性を知らしめるという目的のためには、$C_{21}H_{22}N_2O_2$という化学式にもとづく正確な定義よりも、先に示した不正確な定義のほうがはるかに有用なのである[4]。現実の議論文から例をとってみよう。

大体今日における文字の役割は、書くところになく、読む所にある。一日に新聞を四十分読めば、一万字以上約二万字を読むことになる。しかし、普通の人は一日に二百字書くことはない。してみれば書きやすいようにと一点一画を除去したことは無意味なばかりか字形意識の混乱を招き全く有害であった。

（大野晋「日本語について」[5]）

大野氏の議論の目的は、最後の文章に示されたように、戦後の国語改革の批判にある。そしてその根拠として、「今日における文字の役割は、書くところになく、読む所にある」という判断がある。もちろん、「今日の役割が、書くところではなく、読む所にあるもの」だけでは、「文字」の一般的定義としては不完全にすぎる。が、この議論の目的のためには、これで十分役立つのだ。逆に、ここで「文字」の正確な定義をあげ、その本質を余すところなく指摘してみせたら、かえって議論の役には立たないだろう。議論の目的が、不正確、不完全な定義であることを要求しているのだ。

エッグ（Ekkehard Eggs）は『議論文の文法』（*Grammaire du discours argumentatif*, 1994）の中で、定義からの議論における定義とは「目だった特徴」（typisation）を記述することに他ならぬと書いている。「定義とは、ほとんど必然的なものとなっている一つあるいはそれ以上の目だった特徴を表現する型式である」[6]。一つあるいはそれ以上のティピザシオンが議論に参加するさまを、実例で確かめてみたい。

上智大学教授渡部昇一氏の『知的生活の方法』は八十万部以上売れたベストセラーだそうだが、二百十四頁の『知的生活の方法』のどの頁にも、人生いかに生くべきかについての真剣な考察はない。渡部氏の著書には「読書の技術、カードの使い方、書斎の整え方、散歩の効用、通勤時間の利用法、ワインの飲み方、そして結婚生活」など、「知的オルガスムス」のための方法についてはくだくだしく書かれてあるが、人間として立派に生きるための「生活の方法」には全く触れられていないのである。そして渡部氏は書く、「男も女も、十全なる知的活動を維持するには、結婚しても軽々に子供をつくるべきではないであろう」。

避妊もしくは堕胎をあえてして「十全なる知的活動を維持」したとして、その「知的活動」とは一体何のためなのか。結婚するということは妻や子供を愛するということであり、妻子を愛するということは、妻子のためにおのれの「知的生活」をも犠牲にするということである。いや、犠牲にするのは「知的生活」に限らない、われわれが誰かを愛するのは、その誰かのために多少なりともおのれを殺すことではないか。

（松原正『人間通になる読書術』[7]）

川端康成の小説の冷い理智とか美しい抒情とかいふ様な事を世人は好んで口にするが、「化かされた阿呆」である。川端康成は、小説なぞ一つも書いてはゐない。僕等の日常の生活とはどういふものであるか、社会の制度や習慣やに僕等はどんな風にぶつかりどんな風に屈従するか、思想や性格を異にする二人の人間の間にはどんな葛藤が生ずるか、等々凡そ小説家の好奇の対象となるものに、この作家が、どんなに無関心であるかは、彼の作を少し注意して読めば直ぐ解る事である。彼が、二人の男、二人の女さへ描き分ける才能を持つてゐないのを見給へ。

（小林秀雄「川端康成」(8)）

松原氏は、「男も女も、十全なる知的活動を維持するには、結婚しても軽々に子供をつくるべきではないであろう」という渡部氏の意見に次のように反論する。「結婚するということは妻や子供を愛するということであり、妻子を愛するということは、妻子のためにおのれの「知的生活」をも犠牲にするということである。いや、犠牲にするのは「知的生活」に限らない、われわれが誰かを愛するのは、その誰かのために多少なりともおのれを殺すことではないか」。この反論が、「結婚する」とは「愛する」とはどういうことであるかという定義から導き出されたものであることは、もはや多言を要すまい。

一方の小林氏は、「川端康成は、小説なぞ一つも書いてはゐない」と、例によって鬼面人をおどかす氏一流の啖呵を切る。この「独断」を論証するためには、辞書にあるような小説の定義では役に立たない。そんなものをいくら眺めたところで、川端が書いたのは小説であるか否かということなど判断できるものではない。小林氏がとった手は、「凡そ小説家の好奇の対象となるもの」をいくつか並べ、それらに川端が全く無関心であることを指摘することであった。小林氏が並べてみせた三つのティピザシオンは、言うまでもなくそれだけで小説の一般的定義とするには不完全であろう。が、およそある書き物が小説と呼ばれるためにはどのようなことが書かれてなくてはならないかを説明するには、これはほぼ「十分な」定義なのだ。プラトン（Platōn, 427-347 B. C.）は、彼の「理想国」を構想するにあたって、その予備作業として、農夫、大工、織物工など四、五人の成員からなる「最も必要なものだけの国家」を描いてみせた。[9] この表現を借用すれば、定義からの議論における定義は、「最も必要なことだけの定義」と言うことができる。議論の目的にとっての、「最も必要なことだけの定義」なのである。

2 説得的定義——論証的定義

本節では、定義からの議論における定義の性格を、従来の定義論の成果を援用して考えてみたい。定義はその目的や方法によって種々の分類が可能であり、実際多くの研究者によって様々な分類が試みられてきた。[10] ここでそのひとつひとつを説明・検討する必要はない。当面の目的のためには、以下の二種の「定義」を区別するだけで十分である。

第一には、「記述的定義」(descriptive definition) である。これは、語の慣用的用法、すなわちその語が普通にはどのように使われているかを示す定義であり、辞書の中で見られる定義がこれにあたる。例えば、「自動販売機」を「お金を入れると自動的に品物が出てくるようになっている機械」と定義すれば、それは記述的定義ということになる。

第二には、「規約的定義」(stipulative definition) と呼ばれるもので、ある語の使い方についての約束を示すものである。「自分はこの語をこれこれの意味で使う」という個人的な表明や、ある学問領域内での術語の意味の取り決めなどがこの定義に分類される。規約的定義はあくまでも「規約」であるだけに、記述的見地からすれば、現状とかけ離れた、勝手とも言えるものも多い。例えば、首都高速に乗ると、道路が渋滞して車がほとんど動いていないのに、「渋滞」の表示が出ていないことがある。これは首都高速道路公団が、「渋滞」を「二十キロ以下のスピードで、一・五キロメートル以上の長い列ができて、それが三十分続いた時のこと」と定義しているためだ。首都高速は、混んでいなければ三十分で全部走ることができる程度の道路であるから、この定義に従えば、大抵の渋滞は「渋滞」ではないということになってしまう(11)。もう一つ、日本の規約的定義史上、おそらく最も従われることのなかったであろう定義の例を示したい。かつて、衛生学の研究と普及を目的とした、大日本私立衛生会という団体があった。富国強兵を国是とした、明治の時代である。この大日本私立衛生会が、日本人の体位を向上させるため、ある「秘策」を思いついた。体格のいい女にたくさん子を生ませるのだ。しかし、そのためには男達がそういう女を好きにならなければ話にならぬ。そこで考えたのが「美人」の概念を変えてしまうことである。『大日本私立衛生会雑誌』の第五号には、次のような定義があげられている。「衛生上真の美人と申すべきは固《もと》より面貌に拘《こだは》るに非《あ》らず身体特に健活なる者を云ふ」(12)。ずいぶん勝手な定義を作ったものだ。調べたわけではないが、こんな定義は誰も相手にしなかったであろうことは十分予想できる。

だが、この「美人」の定義は、ある重要な問題を内に含んでいる。規約的定義は使用者の規約にすぎないものであり、それゆえ真偽の区別はない（真理値をもたない）。が、この規約的定義が、真理を主張して記述的定義の領域まで乗り込んできたらどうなるか。例えば、「自分はこの言葉をこのように使っている」は本来規約である。それが、「この言葉の真の意味はこうだ」となり、「この言葉はこの意味で使用すべきだ」となってきたら、この種の「定義」を一体どのように扱うべきなのであろうか。この問題は、「説得的定義」（persuasive definition）と呼ばれる定義の一種と関わってくる。

説得的定義は、アメリカの倫理学者スティーヴンソン（Charles L. Stevenson）が、一九三八年に*Mind*誌に寄せた論文の中で提唱したものである。まず、スティーヴンソンによる、説得的定義の定義を引いてみよう。

「説得的」定義とは、よく知られている語に対して、その情緒的意味をあまり変化させることなしに、新しい概念的意味を与え、それによって、人々の関心の方向を変えることを意識的にあるいは無意識的に目的として用いられるものである。(13)

つまり、われわれは、ある事柄を、強い情緒的意味をもつ語に含ませることによって、非難したり賞賛したりしようとすることがある。そして、その語の慣用的意味が、その事柄に合わないときには、語の記述的意味（概念的意味）を多少変えてでも、強引にその語をその事柄に適用しようとする。このような、語の「再定義」が説得的定義である。スティーヴンソンが著書『倫理と言語』(*Ethics and Language*, 1944) であげている具体例を、少し短くして引用してみよう。

A　話し方からはっきりと分かるように、彼は公式の教育をほとんど受けていない。彼の書く文章は、しばしば不作法であるし、歴史や文学に言及するときにはこれ見よがしな感じがする。思考には、きちんと訓練された知識人に見られる精密さや鋭さが欠けている。彼は全く教養がない。

B　いや違う。あなたは教養の上っ面、中身の空っぽな単なる見せかけだけを強調しているのだ。「教養」という言葉の正しくて完全な意味は、「創造力豊かな感受性」や「独創性」ということだ。彼はそれをもっている。だから、きわめて控え目に言っても、彼は、教育程度においてまさっているわれわれの多くよりはるかに教養があると言えるだろう。(14)

Aの人物は、「教養」の慣用的意味から、「彼」は教養がないと言っている。それに対してBは、その「教養」の意味は間違いであるとして、「教養」の「真の」意味と彼が考えるものをあげ、それに当てはまる「彼」は教養があると主張する。このような説得的定義が可能なのは、「教養」のような言葉は、その記述的意味が元来曖昧で、情緒的意味が記述的意味と部分的に独立しているため、記述的意味を多少変更しても、情緒的意味（この場合はプラスの価値をもつ）はそのまま保たれるからである。(15)

ところで、スティーヴンソンが説得的定義と呼んでいるものは、情緒的意味をあまり変化させずに記述的意味だけを変更する定義のことである。が、当然ながら、それとは逆の場合がありうる。すなわち、記述的意味を変化させずに、情緒的意味だけを変える場合である。スティーヴンソンはこれを仮に「説得的疑似定義」(persuasive quasi-definition)と名づけている。[16] また、この二種の意味を同時に変えてしまうような、例えば、記述的意味を変えることによって、情緒的意味までも変化させてしまうような、そういう定義も起こりうる。スティーヴンソンは、これも仮の名称として「〝混合的〟言明」(〝mixed〟 statement)と呼んでいる。[17] 本稿では、この三つをまとめて説得的定義という名で呼びたいと思う(「定義」「疑似定義」「言明」の差異は論じないことにする)。つまり、ある語の自分の使い方を、他人にも受け入れさせようとするような定義の仕方を、すべて説得的定義と呼ぶのである。これは必ずしも私個人の恣意的な操作ではなく、いくつかの「批判的思考」や論理学の教科書にも、説得的定義をそのようにとらえているものが見られる。[18]

ここで、われわれの本来のテーマに戻りたい。記述的定義と規約的定義の区別から始まり、説得的定義に及んで長々と説明してきた理由は他でもない、定義からの議論に現れる定義、すなわち論証に利用される定義は、大体において、説得的定義の性格をもっているからである。マンフレート・キーンポアントナー（Manfred Kienpointner）は、『日常論理』（*Alltagslogik*, 1992）の中で次のように述べている。「個々の学問分野でのより専門的な定義型式の多くは、日常議論にとって重要なものではない。……定義は、話し言葉、書き言葉にかかわらず、日常議論の中では、専門的（学問的）議論に較べて、ほんの小さな役割しか果たさない。……私の収集した長短三百ほどの議論例でも、定義が論証に利用された例はほとんどなかった」。が、これは、学問的な厳密な定義ばかりを数えて、説得的定義を計算に入れなかったからである。キーンポアントナー自身も認めている。もし説得的定義を数の内に含めるならば、「事情は異なってくる」と。[19] 逆に言えば、日常的（非専門的）議論で論証に利用される定義は、大概が説得的定義であるということになる。これは考えるまでもなく当然のことで、説得的定義でない普通の定義が論証として機能したということは、論者の一方が議論の対象についてほとんど無知であったということを意味するが、そのようなことは滅多に起こることではないからだ。定義からの議論を一つの論法として認定した（現存する）最古の例は、アリストテレスの『弁論術』（*Technē Rhētorikē*, ca. 333-322 B. C.）にあるが、そこであげられている実例も、やはり説得的定義と言えるものである。一例を引いてみよう。

> また、イピクラテスがハルモディオスに対し、最も高貴であるというのは最も優れた人物のことを言う、なぜなら、ハルモディオスとアリストゲイトンも、彼らが高貴な行為をするまでは、高貴なところは少しもなかったのだから、と定義を示した上で、自分のほうが彼ら二人により同族的であることを、次のように論じているのもそうである――「とにかく行為の上では、私の行為のほうが君のよりも、ハルモディオスとアリストゲイトンのそれと同族的である」[20]。

これはイピクラテスが、ハルモディオスに低い身分の出であることを嘲笑されたときに言い返した言葉である。「高貴」(γενναῖος)という言葉は、普通は「生まれのよい」とか「名門の出である」という意味で使われているが、それは正しくない。人が「高貴」であるかどうかは、家柄ではなく、その人の行為によって決まるのだ――これはスティーヴンソンがあげていた「教養」の例と同種の論法であろう。

ところで、定義からの議論における定義が説得的定義の性格をもっているということは、第一節で述べた「最も必要なことだけの定義」という性格に新たなものが付け加わるということではない。「議論の対象となる「もの」の性質を、議論の必要とする限りにおいて指摘」することは、その「もの」を、指摘された性質においてのみ見ることを他人に要求することであり、それは一種の説得的定義に他ならないからだ。だから、例えば、先に引用した松原正氏の「定義」なども、やはり説得的定義の特徴をもっている。「結婚するということは妻や子供を愛するということであり、妻子を愛するということは、妻子のためにおのれの「知的生活」をも犠牲にするということである。いや、犠牲にするのは「知的生活」に限らない、われわれが誰かを愛するのは、その誰かのために多少なりともおのれを殺すことではないか」。

説得的定義の典型的なかたちを、もう少し長めの議論文で確認してみよう。

けれども、若いころから私には一度も理解できないことが一つある。民主主義は、どういうわけか伝統と対立すると人は言う。どこからこんな考えが出てきたのか、それが私にはどうしても理解できぬのだ。伝統とは、民主主義を時間の軸にそって昔に押し広げたものにほかならぬではないか。それはどう見ても明らかなはずである。何か孤立した記録、偶然に選ばれた記録を信用するのではなく、過去の平凡な人間共通の輿論を信用する――それが伝統のはずである。（中略）つまり、伝統とは選挙権の時間的拡大と定義してよろしいのである。伝統とは、あらゆる階級のうちもっとも陽の目を見ぬ階級、われらが祖先に投票権を与えることを意味するのである。死者の民主主義なのだ。単にたまたま今生きて動いているというだけで、今の人間が投票権を独占するなどということは、生者の傲慢な寡頭政治以外の何物でもない。伝統はこれに屈服することを許さない。あらゆる民主主義者は、いかなる人間といえども単に出生の偶然によって権利を奪われてはならぬと主張する。伝統は、いかなる人間といえども死の偶然によって権利を奪われてはならぬと主張する。正しい人間の意見であれば、たとえその人間が自分の下僕であっても尊重する――それが民主主義というものだ。正しい人間の意見であれば、たとえその人間が自分の父であっても尊重する――それが伝統だ。民主主義と伝統――この二つの観念は、少なくとも私には切っても切れぬものに見える。二つが同じ一つの観念であることは、私には自明のことと思えるのだ。われわれは死者を会議に招かねばならない。古代のギリシア人は石で投票したというが、死者には墓石で投票して貰わなければならない。これは少しも異例でも略式でもない。なぜなら、ほとんどの墓石には、ほとんどの投票用紙と同様、十字の印がついているからである。（G・K・チェスタトン『正統とは何か』[21]）

チェスタトンがここで展開した議論は手が込んでいる。彼は論敵の価値観を利用して自らの価値観を認めさせようとしているのだ。まず、伝統を敵視する民主主義者に対し、「伝統とは、民主主義を時間の軸にそって昔に押し広げたものにほかならぬ」と、相手の「神」（民主主義）をこちらが擁護しようとするもの（伝統）の定義の主役にしてしまう。さらに、「過去の平凡な人間共通の輿論を信用する――それが伝統のはずである。……伝統とは選挙権の時間的拡大と定義してよろしいのである」と追い討ちをかける。「平凡な人間共通の輿論」は民主主義者にとって尊重すべきものであるし、「選挙権の拡大」なら彼らが率先してその実現のために行動しなければならないものだ。そして、「伝統とは、あらゆる階級のうちもっとも陽の目を見ぬ階級、われらが祖先に投票権を与えることを意味するのである。……今の人間が投票権を独占するなどということは、生者の傲慢な寡頭政治以外の何物でもない」と駄目を押すのである。むろん、民主主義者は、「もっとも陽の目を見ぬ階級」に同情し、「寡頭政治」を拒絶する。――このチェスタトンの議論は、説得的定義が論法として成功するための、一つのお手本を示している。説得的定義は、「ある語の自分の使い方を、他人にも受け入れさせようとする」ものだ。ではどうすれば「他人」に「受け入れ」てもらえるのか。チェスタトンは、相手の「神」を利用した。自らが主張し、守ろうとするものを、相手が最高に価値をおくものと同じであると定義して、相手の議論の力をこちらに吸収しようとしたのである。相手の「神」を利用した説得的定義の例をもう一つあげてみよう。

また、新天皇が即位されるや、マスコミこぞって「開かれた皇室を、国民に親しまれる天皇を」という大キャンペーンに着手した。これまたルール違反のキャンペーンである。

国家および国民の象徴である限り、世俗をいかほどか超えた存在でなければならず、そうだとすれば、世俗の次元にたいしては何ほどか閉じられてこその象徴なのだということである。この憲法解釈の基本ルールをどうして認めようとしないのか。

世俗の次元に開いたまま、世俗の次元に親しまれたままというのは世俗にまみれることにほかならず、そんな存在では象徴たりえないではないか。超越ということの意味を理解できず、それゆえ象徴ということの意味を理解できないのは子供の所業といわざるをえない。

（西部邁『マスコミ亡国論』[22]）


西部氏は、「開かれた皇室」に反対する。その議論の組み立てに利用されるのが、「開かれた皇室」を主張する者達のおそらくは「神」となっているであろう日本国憲法である。その第一条に曰く、「天皇は、日本国の象徴であり日本国民統合の象徴であつて、この地位は、主権の存する日本国民の総意に基く」。なるほど、日本国憲法によれば、天皇は「象徴」である。とすれば、「象徴である限り、世俗をいかほどか超えた存在でなければならず、そうだとすれば、世俗の次元にたいしては何ほどか閉じられて」いなければならない。つまりは、日本国憲法を認める人は、右の「象徴」の「定義」によって「開かれた皇室」に反対しなくてはならない。要するに、相手を自らの価値観によって自滅させるのだ。もちろん、この「象徴」の定義には異論が出されるかもしれない。が、西部氏の議論が、論敵の「神」を利用した高等戦術を取り入れていることは十分に見て取れるであろう。

先に私は、「定義からの議論に現れる定義、すなわち論証に利用される定義は、大体において、説得的定義の性格をもっている」と書いた。しかし、皮肉なことに、私の使用した参考文献のほとんどは、説得的定義は詭弁の一種であると書いている。定義に関する優れた研究書の著者であるリチャード・ロビンソン（Richard Robinson）も、説得的定義は「良く言って間違い、悪く言えば嘘」（at best a mistake and at worst a lie）であり、われわれはそれを用いるべきではないと結論している。(23) 確かに説得的定義は、個人の意見あるいは見方に過ぎないものを、客観的事実のごとく提示して、相手の態度に影響を与えようとするものである。論理学者達が疑いの目を向けるのも無理はない。が、私は、以下に述べる理由によって、説得的定義を詭弁とする意見は間違っていると考える。この説明を、ベルギーの修辞学者カイム・ペレルマン（Chaïm Perelman）の「概念の分割」（dissociation des notions）という学説の紹介から始めてみよう。ペレルマンは、私の見たなかでは、唯一説得的定義に肯定的評価を与えている研究者である。

まず、ペレルマンの著書から二つのパッセージを引用する。

分割にもとづく議論法は古代レトリックの理論家の注意をほとんど引かなかったものである。しかしそれは、普通の考え方では解決できない問題を解くため現実在の諸要素を切り離して再構成する必要にせまられるあらゆる反省的思考にとって、根本的な重要性を持つものである。たとえば、それまで同じ資格で見られていたものを、実在と現象とに分割することが、常識的実在観に対する哲学的実在観を打ち出す第一歩だったのである。(24)

……現実在に関する両立しえない二つの主張（水に差し込まれたこのオールは真直ぐである。真直ぐでない）がなされている場合には、あくまでも現実在と考えられるものと、錯覚ないし仮象と判断されるものとを選別することが必要である。これと同じやり方で、人々は真の正義（justice réelle）と見せかけの正義（justice apparente）、真の民主主義と見せかけの（形だけの、法律の上だけの）民主主義、現象の世界と物自体の世界を区別する。この場合、広く一般に承認された概念そのものが二つの側面に分割され、その一方の側面は、何が現実在・真の民主主義・真の正義であるかに関する新しい規準が設定された結果、否定的な評価を下されるのである。(25)

これを解説するには具体例を使ったほうが分かりやすい。短いものを一つ引用する。

かつて鮎川信夫がどこかで言ってたことだが、いま核兵器といえば、そこらに転がっている核弾頭や核爆弾のことではない。むしろそれを作り出す知識・技術・情報こそを意味している。なぜなら、かりに現有の核弾頭がゼロになったとしても、いったん事があれば直ちにそれは作られるからだ。(中略)

だから私は「核廃絶」を主張する人々にぜひ説明してもらいたいと思う。世界に累積されている核兵器生産のための知識・技術・情報をあなたがたはどうやって廃絶しようと考えているのか?

(匿名「核コントロール問題」(26))

鮎川氏の「原文」(27)よりも、こちらの「受け売り」のほうが分析に都合がいいので、あえてこのような変則的な引用文を用いた。右の議論では、まず「核兵器」を「現実に存在する核弾頭や核爆弾」と「核弾頭や核爆弾を作り出す知識・技術・情報」に分割する。このうち、「真の」「核兵器」というべきものは、「核弾頭や核爆弾を作り出す知識・技術・情報」のほうである。なぜなら、かりに「現実に存在する核弾頭や核爆弾」をすべて廃絶することに成功したとしても、もし戦争が起きれば、「核弾頭や核爆弾を作り出す知識・技術・情報」は容易に核弾頭や核爆弾を作ることができるからだ。戦争になれば、より強力な兵器を求めることは当然であろう。だから、「核兵器」とは、「現実に存在する核弾頭や核爆弾」としてではなく、「核弾頭や核爆弾を作り出す知識・技術・情報」として定義すべきなのである。とすれば、「核廃絶」は現実には不可能なことだと承知したほうがいいのではないか。

このように、概念の分割という考えは、慣用的な通常の意味がそのものの「本質」を表していないと考えるときに、新しい記述的意味をその「真の」意味として提示する定義の前提となるものである。概念の分割にもとづく定義をペレルマンは「分割的定義」(définitions dissociatives) と呼んでいる。(28) これはわれわれの言う説得的定義とほぼ同じものだ。当然のごとくペレルマンは、スティーヴンソンの説得的定義についても「概念の分割を通して、習慣的表面的定義に、新しい真実の意味を対立させようとするもの」[29]であるとして、肯定的な評価を下している。ロシアの論理学者アスムス（В. Ф. Асмус）は、定義とは、要するに、「未知のものを既知のものに、複雑なものを単純なものに」（неизвестное к известному, сложное к простому）することだと述べている。[30]が、これはアスムスが、厳密な学問分野での定義を念頭においているからであって、日常議論の中では、われわれはむしろ逆の性格をもった定義を必要とするのではないか。つまり、「既知のものを未知のものに、単純なものを複雑なものに」する定義だ。あるものの慣用的（習慣的）意味と馴れ合っていれば、それは分かりきった単純なものである。しかし、それが必ずしもわれわれが論議しているものの「本質」を表していないと悟ったとき、われわれは、そこに今まで気づかれなかった「新しい」意味を発見し、それを「真の」意味として、自らの議論の根拠とする。論証として機能する定義は、多かれ少なかれこの性質をもっていると言えるだろう。

ここで、いくつかの疑問が起こるかも知れない。習慣的表面的定義に、新しい真実の意味を対立させるというが、何を根拠にそれが「真の」意味であることを主張できるのであろうか。それぞれ「真の」意味を主張する説得的定義が対立して並存する事態は当然予想されるが、「真の」がそんなにいくつもあるはずがない。また、自らの語の使い方や解釈をもってその語の定義とすることは、どの程度まで許されることなのか。語の意味を完全に私物化して全く恣意的な意味を与えても、それは説得的定義として認められるのか。もしそうだとすればわれわれはハンプティ・ダンプティになってしまうのではないか。

「誕生日のプレゼントをもらう日は、ただの一日なんだぞ。さあ、これは名誉だ！」

「名誉って、なんのことですか」とアリスはいいました。

ハンプティ・ダンプティは軽べつするように笑っていいました、「むろん、わかりっこないよ――おれが教えてやるまではな。おれのいう意味は、「うまい、力強い議論だ」ということさ」

「でも、「名誉」は「うまい、力強い議論」という意味ではありませんわ」とアリスは反対しました。

「おれがある言葉を使うと」とハンプティ・ダンプティはいくらかせせら笑うような調子でいいました、「おれが持たせたいと思う意味をぴったり表わすのだ

――それ以上でも、それ以下でもない」

「問題は、言葉に色々な違う意味を持たせることができるかどうか、ということです」とアリス。

「問題は、どっちが主人か、ということなんだ――それだけだ」とハンプティ・ダンプティ。アリスはすっかりこんがらがってしまい、何もいえませんでした。

(ルーイス・キャロル『鏡の国のアリス[31]』)


先の疑問に対する私の答を示そう。説得的定義において、それが「真の」意味を表しているかどうかは、まさにその定義の説得力そのものによって決定する。すなわち、議論の相手あるいは聞き手(読み手)が納得すれば(もしくは有効な反論をなしえない場合には)、それはその語の「真の」意味を表していると見なされる。日常議論の領域においては、これ以外の基準は無い。また、説得的定義はいくらでも恣意的であってかまわない。恣意的で荒唐無稽な定義は誰も納得できないだけの話である。ちょうど、ハンプティ・ダンプティのように。アリスは「すっかりこんがらがってしま」ったが、いささかも説得されはしなかった。つまり、説得的定義に動かされる人達は、詭弁に騙されるナイーヴな人達ではない。彼らは、慣用的な通常の意味が見逃している「真理」を説得的定義のなかに認めたのだ。だから彼らはその定義を受け入れたのである。

しかし、そもそも説得的定義を特別のものとする考え方に誤りはないか。その学問領域の中で、厳密に規約された定義は別にして、大抵の語は、日常語は言うに及ばず専門語においても、複数の定義が可能である。これが、「椅子」だの「鉛筆」だの「靴」だのといった語であれば、定義間の差異は無視しても大したことはない。が、これが「民主主義」とか「資本主義」とか「芸術」などといった語になると、その差異は重大な問題となる。そのような語が議論の中で定義される場合、それは説得的定義以外にはありえない。そこでは単なる語の慣用的意味ではなく、個人の価値観や信念、理想、経験などが表現されているのだ[32]。この場合、定義そのものが議論となる[33]。われわれがある語を定義するというのは、そのものを、われわれが示した見方で見るように聞き手に強要することに他ならないからだ。聞き手が、それを受け入れれば、説得は成功し、拒否すれば、説得は失敗するであろう。簡単な話である。哲学者岩崎武雄氏は、存在判断の真理の基準は「説明の成功」にあるとした[34]。もちろん、整合説と対応説の批判的統合にもとづくこの学説は「簡単な話」ではないが、勝手ながらこの卓抜なフレーズだけは借用したい。すなわち、説得的定義の真理の基準は「説得の成功」にある、と。

本節の最後に、最も重要なことを確認しておく。それは、説得的定義は、あくまでもある主張を論証するための手段にすぎないということだ。つまり、われわれは、慣用的な通常の意味がそのものの「本質」を表していないと考えて、新たな記述的意味をその「真の」意味として提示し、そこからあることを主張するのではなく、まずあることを主張することを決定し、それを論証するための手立てとして、慣用的な定義に代わる説得的定義を利用するのである。説明のための順序を、実際の議論の順序と混同してはいけない。例えば、チェスタトンは、「伝統とは、民主主義を時間の軸にそって昔に押し広げたものにほかならぬ」から伝統を擁護しようとするのではない。彼にはまず伝統の擁護という主張があり、その論証の手段として「伝統とは、民主主義を時間の軸にそって昔に押し広げたものにほかならぬ」という説得的定義をもちだしてきたのである。これが「論法」ということの意味だ。慣用的・習慣的定義の欠陥に気づき、それに代わる新たな定義づけを行って、そこから議論を展開することは、正しい思考のあり方かもしれない。が、この本で教えようとしていることは、議論に勝つための方法だ。正しい思考の方法ではない。なによりもまず、議論に勝つことだ。そうすればその主張は、「正しい」思考として暫定的に承認されるであろう。(35)

3 定義としての名づけ

定義からの議論を論じるにおいて、あるものに名称を与えるという行為、すなわち「名づけ」は、無視することのできぬ重要な問題である。その理由は、第一に、名称とは一種の定義であると考えられること、第二に、その名称が不適切であることを指摘する議論は定義をその論拠とすることが多いということである。「名称とは一種の定義である」ということは、例えば、「護身術」、「市民団体」、「嫌煙権」のような複合語を考えてみればよい。これらの名称は、それ自体が小さな「定義」になっている。とすれば、その名称を無批判に受け入れるのではなく、それがはたして名づけられたものの「本質」を正確に表しているかどうかを慎重に吟味してみなければならない。まず、「護身術」の場合を考えてみよう。空手や柔道は「護身術」であると言われる。

が、この「護身術」という言葉は、あくまでもそれを習う人間の目的あるいは心構えを表したものであって、その格闘技の本質を示したものではない。何であれ、護身にしか用いることのできないような格闘技などありえないからだ。だから、ある格闘技を「護身術」と名づけることは、ときに偽善的なごまかしとして機能する。また、「市民団体」という名称も、その実態と齟齬をきたすことがしばしばある。この名称からは、いかにも「普通」の市民による自然発生的な団体という印象を受けるが、実際には特定の思想傾向をもった半分プロフェッショナルのような団体であることが多い。彼らの中には、日本全国反体制の騒動があればどこにでも出かけて行く連中がいる（テレビニュースなどで、全く離れた地域の「市民団体」に同じ顔を発見して苦笑することがある）。さらには、「嫌煙権」も、それを推進する運動の「過激さ」と、「煙草の煙を嫌う権利」という文字どおりの「消極的な」意味とが乖離している名称である。福田恆存氏が、「嫌煙権」を、「他人に煙草を喫ませない権利」(36)と「翻訳」したが、現実に、このようにしか解釈できないような主張をする「嫌煙権」論者はいくらでもいる。——こうしてみると、右の三つの名称は、いずれもその実態を正確に表しているとは言いがたいようだ。もちろん、あるものの実態と、その名称とが必ずしも一致しないことは、一般意味論を援用するまでもなく、むしろ普通の状態であって、その不一致に神経質になる必要はない。黒板が緑色をしていても何ら不都合はない。注意が必要なのは、この不一致が議論（説得）に利用される時だ。すなわち、あるものごとや行為を、人に受け入れられやすい記述的意味をもった名称を隠れ蓑にして正当化しようとするような場合である。「市民団体」など、まさにそのような使われ方をされることが多いのではないか。

このような名称を利用した議論は、あるものを既存の名称で呼ぶ場合により頻繁に現れる。つまり、その状況において、聞き手の態度や判断に何らかの影響を及ぼすような既存の名称を議論の論点となった対象に与え、それによってその対象を賞賛・非難・正当化・告発・弁護しようとするのだ。したがって、この目的のためには、強い情緒的、評価的意味をもった名称が選ばれることが多い。例えば、人工妊娠中絶反対論者が「人工妊娠中絶は〝殺人〟である」と主張するようにである。この場合、もし人工妊娠中絶容認派が、「人工妊娠中絶」に「殺人」という名称が与えられることを認めてしまったら、もうその時点で議論は決着がついたのも同然である。もちろん、「〝殺人〟でなぜ悪い」「〝殺人〟だがやむをえない」のような反論も理論上は可能であるが、「殺人」のように情緒的・評価的意味の強い言葉を相手にしてこのような反論を組み立てることは苦しい。先の主張に対しては、「人工妊娠中絶は〝殺人〟ではない」と反論するのが普通であろう。つまり、弁護しようとする対象が、マイナスの情緒的・評価的意味をもった「類」に含まれてしまうことを防ぐのだ。これには、「殺人」およびその前提として「人間」「生命」などの定義をその根拠とすることが最も一般である。それらの言葉を自分なりに定義することによって、「人工妊娠中絶」が「殺人」という名称に当てはまらぬことを論証するのである。同様の議論例で、もう少し長いものを引いてみよう。

七月二十三日の朝日新聞には、社会学者の上野千鶴子さんが「世代体験」というエッセイを書いていらっしゃった。

六月四日の天安門血の日曜日以来「胸のつぶれる思いがつづいている」「全共闘世代」である上野さんは「学園紛争」を「あれは大学当局にとっては「紛争」であっても、学生にとっては「闘争」だった」と言う。

「世代の分岐が年齢によってではなく、社会的な事件によって細分されるとしたら、二十年前のあの事件は、わたしたちにとって、ひとつの「戦争」だったのかもしれない」

とも書いておられる。

「学園紛争」はいかなる意味においても「戦争」などではなかった。ほんとうの戦争をローティーンとして知っている私は、このような甘い言葉を聞くと深く当惑する。戦争は二つの要素を持っていてこそ、戦争なのだ。

常に死の危険が付きまとうこと。

そこから個人の意志では逃れられないこと（逃れようとすると、そのことがまた死の危険になる）。

アメリカの青年は、徴兵で送られたベトナムでたくさん死んだが、警察庁の統計によれば、日本の「学園紛争」の時、学生は一人も死ななかった。それに対して警官は二人殉職した。学生は危なくなれば、いつでも闘争を止めて家に帰ることができた。そんな気楽な戦争はどこにもない。一方、当然のことだが、職業としての警官にはやめて帰る自由はなかった。あれを戦争と言うのなら、それこそほんとうの「戦争」を闘わされたのは、警官の側であった。

（曾野綾子「闘争もどき、オペラもどき」[37]）

「全共闘世代」の上野千鶴子氏は、かつての「学園紛争」に、「戦争」という名称を与えようとする。それによって、「全共闘世代」は、彼らにいささか心理的な圧迫感を与えてきた「戦中世代」と同様の重みのある体験を得ることになるからだ。が、「戦中世代」である曾野綾子氏は、この名づけを否定する。その根拠となるのが、「戦争」の定義であり、具体的には、あるものが「戦争」と呼ばれるための次の二つの要素である。「常に死の危険が付きまとうこと」「そこから個人の意志では逃れられないこと」。曾野氏は、「学園紛争」に、この二つの要素が見られないことによって、それに「戦争」という大袈裟な名称が与えられることを拒否するのである。

このような、議論に利用できる名称は、必ずしも強い情緒的・評価的意味をもったものだけに限らない。その状況において、聞き手の判断や態度に何らかの影響を及ぼすような名称なら何でもよいのである。一例をあげよう。大分前のことだが、福岡県の知事選の際に、ある候補者の親族その他がいくつかの寺を回って金を配って歩いたことがあった。この行為は後で公選法に触れ、何人かの逮捕者がでたが、この候補者の支持者はこれを「政治的意図にもとづく司法の不当弾圧」であると開き直った。これについて、百目鬼恭三郎氏は次のように述べている。

いったい、彼らは、いかなる根拠によってこれを不当弾圧といっているのであろうか。運動員や夫人らが、選挙期間中に、福岡市およびその周辺の西本願寺の寺三十数ヵ所を回って、「御仏前」と称して五千円ずつ配ったという容疑は、事実無根で、警察のでっちあげであるとでもいうのであろうか。社会党福岡県本部副部長の中西績介代議士らが「お布施は、ご本尊に供したもので、住職に対するものではなく、公選法の買収にはあたらない」といっているところをみると、事実そのものは認めているようだ。

それなら、逮捕は当然であり、不当な弾圧もヘチマもないはずである。それを、お布施はご本尊にあげたのだから、住職の買収にはならない、などという子供だませないこじつけを述べたてているのだから、不思議というほかはない。このこじつけがまかり通るなら、子供にお小遣いとして金を渡しても、買収ではなくなってしまうだろう。「お布施は社会的な慣行だ」などといっている連中もいるらしいが、自分が檀家でもないお寺に、法事でもないのに五千円ものお布施を置いてゆくということが、社会的な慣行であろうか。こんな慣行が認められるなら、選挙中の神社、仏閣は、盆と正月がいっしょに来たように大繁昌するにちがいない。

（百目鬼恭三郎「たった一人の世論(38)」）

ここで、その候補者の支持者がやらねばならぬことは、「いくつかの寺を回って金を配って歩いたこと」を免責するような、ある名称を見つけることである。さいわい、金を配った先がお寺だったことから、「お布施」という格好の名称が見つかった（と言うより、最初からそれを逃げ道にするつもりで、お寺ばかり回ったのかもしれない）。もし、「寺に配った金」に「お布施」という名称を与えることが認められたなら、「金を配って歩いたこと」は「買収」ではなく、その行為は免責される。彼らも言っているように、「お布施は社会的な慣行だ」からだ。が、百目鬼恭三郎氏は、これに対して、「自分が檀家でもないお寺に、法事でもないのに五千円ものお布施を置いていくということが、社会的な慣行であろうか」と反論する。この反論には、「お布施」の定義が、すなわちあるお金が「お布施」と呼ばれるために必要な要件が暗示的に示されている。このように、百目鬼氏は、「お布施」を定義することによって、彼らが「寺に配った金」を「お布施」という「類」からひきずり出し、彼らの行為が免責されることを阻止しようとするのである。

　こうした、「戦争」や「お布施」の例に見られるような恣意的な名づけを、ポバルニン（С. Поварнин）は、「言葉の黒魔術[39]」（Чёрная магия слов）と呼んでいる。われわれは、何かを主張するときには根拠が必要であることを知っている。とすれば、「名づけるということもまた確実な根拠にもとづいたものでなければならない」。が、「にもかかわらず、人々は、思考の怠惰その他多くの原因から、とりわけこの種の隠された根拠については、特に点検もせず、そのまま信用してしまいがちである[40]」。ポバルニンの言うように、われわれは、それぞれの名称の正当性について無批判に受け入れてしまう傾向がある。このことは、十分に注意すべきであろう。名称の正当性の検討は、古代のレトリックでも、重要な問題とされてきた。古代ローマの修辞学者クィンティリアヌス（Marcus Fabius Quintilianus, ca. 35-95 A. D.）は次のような例をあげている。例えば、tyrannicida（暴君を殺す者）というラテン語がある。ここにある男がいて、暴君の愛人と密通していたところを発見され、居直って暴君を殺したとしよう。はたして、この男にも tyrannicida という栄誉ある名称が与えられるべきであろうか。あるいは、他国から突然の侵略を受けたときに、ある男が寺に奉納されていた武器を持ち出して敵と戦ったとしよう。この行為は、sacrilegus（聖物窃盗）という罰あたりな名称で呼ばれるべきであろうか。——これらはいずれも、事柄の causa（原因）を問題にした問いかけである。(41)

4 反論に関する若干の注意

定義からの議論は、その性格上、説得力の出所を、議論構造の面から説明することができない。聞き手が、その定義に納得すれば、説得は成功し、納得しなければ、失敗する——こんなトートロジーじみたことしか言えないのである。これは、反論の形態についても同様である。定義からの議論に対する反論とは、要するにその定義を否定することと、これ以外にはありえない。が、これは、その場合場合によって個別に検討されるべきものであって、その方法を類型化して示すことができるような性質のものではない。しかし、定義の点検にあたって心得ておくべきポイントなら、いくつかは指摘することができる。それについて簡単に触れておくことで、本章のまとめとしたい。

第一には、定義語の情緒的・評価的意味に注意することである。先に、われわれは、被定義語の情緒的・評価的意味を取りあげたが、定義というものが言葉でなされる以上、当然ながら定義語の情緒的・評価的意味は軽視することのできない問題となる。実例として、宇佐美寛氏が高坂正顕氏の「勇気」の定義を批判した文章を引いてみよう。まず、高坂氏の「勇気」の定義を引用する。

では、その場合、勇気ある人間とは何であるか。勇気のある人間とは、自分の肉体的な生命、あるいは心理的な生命というものを究極的なものとは考えないで、肉体的心理的な自己の生命を、より高い理想や目的のために捧げ得る態度である。より高い理想、あるいは目標といわれるものは、時代により社会によって違うと思う。しかし、とにかくより高い理想や目標のために、身体的心理的な自己の生命をあえて捧げ得る人、それが勇気のある人であり、そのような性格をもつことが、勇気をもつということなのである。

これに対して、宇佐美氏は次のように批判する。

……「勇気」という喚情的機能の強い、また内包にも「よいもの」という規定を含む語を定義するのに、高坂氏は「……自己の生命をより高い理想や目的のために捧げ得る態度」というように、「より高い理想」・「捧げる」等の同様に(あるいはそれ以上に)喚情的機能が強い、肯定的な内包の語で置きかえた。このような定義法によるならば、「勇気はよいものだ。」という最初の前提は支持され強固になるのが当り前である。(42)

われわれは、もちろん、繰り返しにすぎない定義が無意味であることを知っている。が、それが、パスカルの嘲笑した「光とは発光物体の光線的運動である」のような定義であれば見抜くのは簡単であるが、情緒的・評価的意味の繰り返しには気づかないまま読みすごしてしまうことが多い。宇佐美氏が指摘したように、元来プラスの価値の情緒的・評価的意味をもつ語を、それと同等の(あるいはそれ以上の)プラス価値の情緒的・評価的意味をもつ言葉を用いて定義すれば、その語の肯定的評価が強固になるのが当然である。これは結局繰り返し（トートロジー）にすぎず、何を「論証」したことにもならない。これと同様に、マイナスの情緒的・評価的意味をもつ語を、同じくマイナスの情緒的・評価的意味をもつ言葉で定義して、その語の否定的性格を強調するということもありうる。プラスの語をマイナスの言葉で定義した場合やその逆などは、説得的定義としての性格が強烈なため、それに気づかずに見過ごしてしまうことはない。が、同質の意味をもつ言葉でなされた定義には、それが結局トートロジーにすぎないものであっても、なんとなく納得した気にされてしまうのである。記述的意味の繰り返しとは違って、情緒的・評価的意味の繰り返しは、定義として必ずしも誤りだとはいえない。が、われわれは議論（説得的定義）に接するにあたってナイーヴであってはならず、その説得力の出所を常に見極めておく必要がある。念のため、もう一つ例をあげる。

まず、右傾化という時の右とは何か。これをはっきりさせようじゃないかと。既成の価値・秩序の中ではぐくまれたエライさんがもう一度強烈な力で、その価値や秩序を押しつけようとしてるのが右や。一度既成の価値や秩序がゆらぎかけたわけよ。そのゆり返しが来てる。そういう右が社会主義社会にもあるわけや。

（小田実「危機意識」(43)）

小田氏は、若者に「右傾化」への抵抗を呼びかける。が、その「右傾化」の「右」を、「既成の価値・秩序の中ではぐくまれたエライさん」「強烈な力で」「押しつけようとしてる」などの言葉で定義したら、「右傾化」というものが、それこそ抵抗すべき「悪」になってしまうのは分かり切った話だ（これが「右傾化」なら、私だって抵抗する）。要するにこれは、「右傾化」とはよくないものだと言っているに過ぎず、何も「はっきりさせ」てはいない。小田氏の定義も、一種の説得的定義であって、それ自体が虚偽であるとは言えないが、その説得力が、右のような情緒的・評価的意味をもった言葉によって担われていることは、十分に心得ておくべきだろう。

第二には、語源を根拠にした説得的定義を簡単には受け入れないことである。語源詐術による誤った定義については、どんな論理学書にも書いてあることで、ここでわざわざ取りあげる必要もないほどのものであるが、現実にはこの種の定義に騙されてしまう人が非常に多い。ある言葉の「真の」「本来の」「正しい」意味の根拠として語源を持ち出すのは、考えてみればおかしな話で、われわれが現在使っている言葉が、語源によってその使い方を拘束させなければならぬ理由はどこにもない。しかし、この種の定義はいかにも学問的な衣装をまとって現れてくるので、それに接する者はつい気後れがして、無批判に受け入れてしまうのである。これは、荒木良造氏の『詭弁と其研究』（大正一一年）から例を引こう。まず、荒木氏が材料としている新聞の投書を引用する。

常識とは英語のコンモンセンスを訳したものであるが、センスと云ふ言葉には智識と云ふ意味はない、それ故学問上から得る智識即ち学識の如きは常識の真の意味に当て嵌まらないと思ふ、乃《そこ》で全く学問のない田夫野人の徒でも怖ろしい常識の発達して居る人がある。

これについて、荒木氏は次のようにコメントしている。

「学問上から得る智識即ち学識の如きは常識の真の意味に当て嵌まらないと思ふ」その理由はCommonsenseの「senseと云ふ言葉には智識と云ふ意味はない」からと云ふのである、然し乍ら語源を根拠にして生命のある有機的な言語の意味を、批判断定しやうとするのは根本に於て間違つて居りはせぬか、著者は決して論者の反対の位置に立つて智識即ち常識なりと主張するのではない、議論の出発点が間違つて居りはせぬかと云ふのである、「田夫野人の徒でも、怖ろしい常識の発達して居る人」は確にあるそれだからコンモンセンスのセンスは智識の意味はない根拠になるとはいはれない、「常識の真の意味」といふのは語源のことなのであらうか、それでは言葉が死んで仕舞つて、詰まらないことになりはせぬか。(44)

この荒木氏のコメントに特に言葉を加える必要はないであろう。この種の定義はわれわれの日常生活の至る所で見出せる。例えば、以前新聞に次のような投書が載ったのを読んだことがある。

八月十日のこの欄で、Y氏(匿名――香西)の「日本で射撃はスポーツではない」という投書を読み、別な意見を述べたい。
スポーツとはギリシャ語のスポーレ（競う）が語源とされている。遠い目標に正確に命中させることを競うのが射撃スポーツの原点である。

スポーレ（競う）という語源をもって射撃をスポーツであるとするなら、賭事から受験勉強まで何でもスポーツになってしまう。すでに現代日本語になっているスポーツという言葉の意味が問題なのだ（ついでに言うと、このスポーツの語源は出鱈目である）。語源は決して主たる論証の手段となることはできない。この投書を、次にあげる投書と較べていただきたい。

「ボランティア「必修」は危険」

無職　F・A　65

阪神大震災で活躍する大勢のボランティアには頭が下がる。しかし、この混乱に紛れて聞こえてくる「ボランティアを学生の必修科目にすべきだ」という意見は危険ではないか。何か問題が起こると、周りも見ずにまっしぐらに突き進んでしまう考え方がこわい。

五十年前にもそんな風潮が独り歩きし、同調しない者は「非国民」と呼ばれた。事は慎重に運ばなければならない。日本はボランティア活動が低調だと言われている。その通りだ。今までの日本は自分の生活だけで精いっぱいだった。現在でも経済大国とはいえ、国民生活は欧米とはまだまだ比べ物にならないようだ。

学生の中にも経済的に苦しく、アルバイトをしなければ勉学出来ないものも多い。なのに一律にボランティアを強制するのは行き過ぎだ。一生のうちにボランティア活動に携われる時期は人によって違う。画一的に人を縛ってはいけない。ボランティアの語源はラテン語の「自由意思」なのだ。(45)

この投書は、抑制のきいた、理想的な議論になっている。ボランティアを論じるときは、どうしても voluntas（自由意思）というラテン語の語源を論証に使いたいというのが人情だ。が、現実のボランティア活動は、ボランティア先進国のアメリカでも、必ずしも自由意思で行われてはおらず、また、大学入試その他の選考では、ボランティア活動歴が重要な評価の対象となっているのであるから、この語源をもって、「自由意思によること」をボランティアの定義的特徴とするのは無理だろう。F・A氏は、他の手段によって論証を済ませた後で、最後の駄目押しとして、あるいは付け足しとして、この語源を指摘してみせた。これは、語源の論証能力を弁えた、見事な議論の組み立てである。このように、語源は、定義においては、せいぜいが刺身のつま程度の役割しか果たすことができない。このことは重々肝に銘じておくべきであろう。

［注］

（1） 志村正雄訳、白水社、（一九七九年）一九八〇年、一九七一二〇一ページ。

（2） Heinrich Lausberg, *Handbuch der Literarichen Rhetorik*, Stuttgart : Steiner （1960） 1990. s. 215.

（3） Aristotelēs, *Topica*, trans. E. S. Forster, Loeb Classical Library, London : Wiliam Heineman Ltd. （1960） 1966, 143a. Cicero, *De Inventione*, trans. H. M. Hubbell, Loeb Classical Library, London : Wiliam Heineman Ltd. （1949） 1963, I. XLIX. 91. anonymous, *Rhetorica ad Herennium*, trans. Harry Caplan, Loeb Classical Library, Cambridge, M. A. : Harvard U. P. （1954） 1977, II. XXVI. 41.

（4） この例は次の文献より引用。Douglas Ehninger, *Influence, Belief, and Argument*, Glenview, Illinois : Scott, Foresman and Company, 1974, pp. 44f.

(5)『日本語について』、角川文庫、昭和五四年、一八七—八八ページ。
(6) Ekkehard Eggs, *Grammaire du discours argumentatif,* Paris : Edition Kimé, 1994, p. 114
(7) 徳間書店、一九八二年、四五—四六ページ。
(8)『小林秀雄全集』、第七巻、新潮社、昭和四三年、二七六ページ。
(9) プラトン、藤沢令夫訳、『国家』(上)、岩波文庫、(一九七九年)一九八八年、369D以下。
(10) これに関する文献は数多いが、以下の文献がよく整理されている。碧海純一、『新版法哲学概論』、弘文堂、昭和三九年、第二章。Richard Robinson, *Definition,* London : Oxford U. P., (1954) 1972, ch. 1.
(11) この例は、以下の文章より引用。加藤寛、「化けの皮がはがれた「民主主義は絶対」」、『新潮45』、(一九八七年 一二月)、一六二ページ。
(12) この例は、以下の文献より引用。井上章一、『美人の時代』、文春文庫、一九九五年、四六ページ。
(13) Charles L. Stevenson, "Persuasive Definitions", *Mind,* 47, (July, 1938), p. 322.
(14) Stevenson, *Ethics and Language,* New Haven : Yale U. P., (1944) 1948, p. 211.
(15) Stevenson, *Ethics and Language,* p. 212.
(16) Stevenson, *Ethics and Language,* p. 278.

(17) Stevenson, *Ethisc and Language*, p. 279.
(18) 例えば、Ehninger, *Influence, Belief, and Argument*, p. 123, Perry Weddle, *Argument: A Guide to Critical Thinking*, New York : McGraw-Hill, 1978, p. 65. W・C・サモン、山下正男訳、『論理学』、培風館、(昭和四二年) 昭和五〇年、一三八―三九ページ。
(19) Manfred Kienpointner, *Alltagslogik : Struktur und Funktion von Argumentationsmustern*, Stuttgard : Friedrich Fromman Verlag, 1992, s. 253.
(20) アリストテレス、戸塚七郎訳、『弁論術』、岩波文庫、(一九九二年) 一九九三年、1398a. Aristotelēs, *The "Art" of Rhetoric*, trans. J. H. Freese, Loeb Classical Library, Cambridge, M. A. : Harvard U. P. (1926) 1975
(21) 福田恆存・安西徹雄訳、春秋社、(昭和四八年) 昭和五七年、七五―七六ページ。
(22) 光文社、一九九〇年、四九ページ。
(23) Richard Robinson, *Definition*, pp. 169f.
(24) カイム・ペレルマン、三輪正訳、『説得の論理学』、理想社、昭和五五年、八七ページ。
(25) ペレルマン、江口三角訳、『法律家の論理』、木鐸社、一九八六年、二三五―三六ページ。
(26) 『産経新聞』、平成七年、九月一四日。この文章は、「遮断機」という匿名コラムの一部である。署名は(壜)。
(27) 鮎川信夫、『私の同時代』、文藝春秋、一九八七年、一七四ページ。

(28) Chaïm Perelman et Lucie Olberchts-Tyteca, *Traité de l'argumentation*, Bruxelles, Edition de L'universite de Bruxelles, (1958) 1988, pp. 590-97.
(29) ペレルマン、『説得の論理学』、一九八ページ。
(30) В. Ф. Асмус, *Ученце логицу о доказательстве и опровержении*, M. 1954, c. 23.
(31) 岡田忠軒訳、角川文庫、(昭和三四年) 昭和六二年、九二―九三ページ。
(32) cf. Richard E. Young, Alton L. Becker and Kenneth L. Pike, *Rhetoric : Discovery and Change*, New York : Harcourt Brace Jovanovich, 1970, p. 278. 足立幸男、『議論の論理』、木鐸社、一九八四年、一二八ページ参照。
(33) cf. Perelman et Olberchts-Tyteca, *Traité de l'argumentation*, pp. 286f. Maxine Hairston, *A Contemporary Rhetoric*, Boston : Houghton Mifflin Company, (1974) 1982, p. 286.
(34) 岩崎武雄、『真理論』、東京大学出版会、一九七六年、第二章。
(35) これについては、拙著『反論の技術』第一部第三章を参照。
(36) 福田恆存、「人権と人格」(『福田恆存全集』第七巻、文藝春秋、昭和六三年) 一八七ページ。
(37) 『夜明けの新聞の匂い』、新潮社、一九九〇年、一五四―五五ページ。
(38) 『新聞を疑え』、講談社、昭和五九年、一六七―六八ページ。
(39) С. Поварнин, *Спор : О теории и практике спора*, Пг. 1918, с. 92.

（40） Поварнин, *Спор*, c. 90.

（41） Quintilianus, *Institutio Oratoria*, trans. H. E. Butler, Loeb Classical Library, Cambridge, M. A. : Harvard U. P. (1921) 1977, V. X. 36.

（42） 宇佐美寛、『教育において「思考」とは何か』、明治図書、一九八七年、一九〇―九二ページ。

（43） 『朝日新聞』、一九八一年、二月一八日、「旧人・新人」欄。

（44） 荒木良造、『詭弁と其研究』、内外出版、大正一一年、七六―七七ページ。

（45） 『読売新聞』、一九九五年、二月八日、投書、名前は匿名にした。

第2章

類　似

1　正義原則

一三二七年一一月のある美しい朝、フランチェスコ会修道士バスカヴィルのウィリアムは、弟子のアドソを連れて、北イタリアのある山上の僧院を訪れた。ここで教皇ヨハネス二二世の使節団と、皇帝ルートヴィヒを後ろ楯とするフランチェスコ会の使節団との会談が行われることになっていたのである。ところが、二人が僧院に来てからというもの、僧院内で奇怪な殺人事件が次々と起こり、ウィリアムは僧院長から事件の調査を依頼されることになる。調べていくうちに、事件を解く鍵が謎の文書館にあるとにらんだウィリアムは、僧院長にそれとなく誘いをかけてみる。

「わたしは一介の修道士に過ぎません。ただ、ずいぶん昔に、異端審問に加わって、腕を揮った覚えがあるだけです。二日や三日で真相が明らかにならないことぐらいは、あなたにもおわかりいただけるでしょう。それに、どれほどの権威を、わたしに委ねてくださっているのですか？　文書館の奥にまで入ってもよろしいのですか？　あなたの権威を楯にして、何でも問い糺して歩いてよろしいのですか？」

「今回の犯罪事件と文書館とのあいだに繋がりがあるとは思えませんが」不機嫌な顔で、僧院長が言った。

「アデルモは細密画家《ミニアトーレ》であり、ヴェナンツィオは古典の翻訳者であり、ベレンガーリオは文書館長の補佐でした……」ウィリアムが丁寧に説明を始めた。

「そういう意味ならば、六十名の修道僧全員が、文書館と関わりを持っています。みなが聖堂と関わりを持っているのと同じです。では、なぜ聖堂の内部は探されないのですか？　ウィリアム修道士、あなたは、わたしの要請に基づいて、またわたしがお願いした範囲内で、調査をしてくださればよいのです。それ以外のことは、この僧院の周壁の内側に関するかぎり、わたしが唯一の主人なのです。

（後略）[1]」


これは、ウンベルト・エーコ（Umberto Eco）の有名な小説『薔薇の名前』（*Il Nome della Rosa*, 1980）の一節であるが、この中で、傍線で示した僧院長の議論に注意していただきたい。ウィリアムは文書館の調査を認めて欲しいと（暗に）僧院長に要求する。なぜならば、殺された三人が三人ともそれと関わりをもっていたからである。これに対して、文書館にふれられたくない僧院長は、「では、なぜ聖堂の内部は探されないのですか」と切り返す。すなわち、三人とも関わりをもっていたという理由で文書館を調査するならば、同様に三人とも関わりをもっていた聖堂をも調査すべきである。そしてもし聖堂の調査など馬鹿馬鹿しいと考えるならば、文書館の調査の口実としてあげた「三人ともそれと関わりをもっていた」という理由は成り立たないではないかと言うのである。

ここで僧院長が用いた議論の型を、修辞学（レトリック）では「類似からの議論」と呼ぶ（飽くまでも型だけであって、僧院長の議論が正当かどうかはまた別問題だ）。本章では、論法の第二番目として、この「類似からの議論」をとりあげてみたい。

では、類似からの議論という議論型式はなにゆえに説得力をもつのか？　この問いに対しては、「正義原則」（rule of justice, règle de justice）という考え方を援用することにより、かなり正確に答えることができる。正義原則とは、ペレルマンによれば、「同じ本質的範疇に属するものは同じ待遇を受けるべきである」[2]（les être d'une même catégorie essentielle doivent être traités de la même façon）という原則である。これを実例をもとにして説明してみよう。

私は日本人がどうしてバレーボールに身長制を導入しろと主張しないのかが不思議でならない。そもそもスポーツとは同じ身体条件の者が、同一の条件の下で争ってこそ面白い筈だ。大人と子供、男と女が一緒に試合をしないのも、大人や男が勝つのが当り前で、面白くも何ともないからだろう。（中略）

しかもスポーツにはレスリングや拳闘を始めとして、すでに体重制を採っているものが多々ある。身長制を加えて悪い筈はない。バレーやバスケットに、例えばマサイ級、モンゴル級、バンタム級といったランクをもうければ、身長が違うことから来るハンディキャップ、そしてそれを乗り越えるための悲愴とも言える努力は全く不必要になるわけだ。

（鈴木孝夫『武器としてのことば――茶の間の国際情報学』(3)）

鈴木氏はバレーボールやバスケットボールに身長制を導入せよと主張する。そしてその根拠の一つとして、スポーツにはすでに体重制を採っているものがあるという事実を指摘する。つまり、同じスポーツ種目という範疇内において、ある種目が体重差による不公平を認めて体重制を採っているならば、同様に身長差が勝敗に大きく影響する種目に身長制を採り入れることも正当とみなされるべきであるという論法である。「互いに大変似ている二つの状況に対し、対応の仕方を変えることは、不公正を含むものとしてふつう不正とみなされている」(4)。このように、類似からの議論は、正義原則によってその議論法としての説得力を与えられているのである。もう一つ、例をあげてみよう。

実用的に英語を十分活用したい人は、中学校や高等学校で習った基礎の上に立って別に学習してほしい。中学校がすんでからでもいい、高等学校がすんでからでもいい、大学のあとでも良い。(中略)今の学校制度の下で、実業家や政治家の要求するような英語力の養成を望むのは無理である。学校英語というものは、そんな目的に添うようにはできていないものだ。実用的なものにしたければ自分でやるべきである。野球選手だって水泳選手だって、体育の時間だけであれだけ練達したのではない。国際社会で外国語の選手になりたければ、野球や水泳の選手なみに猛訓練を受けるべきである。

（福原麟太郎「日本の英語──学校英語について」[5]）

福原氏のこの議論は、学校英語が実際の役に立たないという不満に対して答えたものだ。例えば、「野球」や「水泳」の選手が、正規の体育の授業時間だけでそのレヴェルに達したのではないということは、誰しも認めるところであろう。それならば、同様に、「外国語（英語）」の場合も、それが実用に供するほどに上達するには、正規の授業時間だけでは無理であることも認めるべきではないのかと言うのである。だから、「国際社会で外国語の選手になりたければ、野球や水泳の選手なみに猛訓練を受けるべきである」。

ところで、先にあげたペレルマンの定義に、「同じ本質的範疇に属するもの」とあったが、類似からの議論においては、この範疇は暗示されるだけの場合が多く、上の例のように明示される（「スポーツ種目」、「学科目」）ことは少ない。これについて、典型的な例を一つあげてみよう。

渡る世間に腹をたてることばかりはないと見える。数日前の「読売新聞」に、夫の浮気の虫を封じるため「男性のシンボル」を切取つた女のことが出てゐた。をかしいのは、その女のことではなく、懲役三年（執行猶予三年）といふ寛大なる判決の理由である。その第一にいはく、「原因が夫の浮気にあることはもちろんだが、夫が就寝中殺すこともできたのにシンボルを切取るだけにとどめたこと。」

私はそれを読んで、まづあつけにとられ、つぎに吹きだしてしまつた。この手でいくと、放火も出来たのに、物盗りですませたのは殊勝だといふことになり、強盗にはひつて、夫婦二人とも殺せたのに、一人ですませたのは罪が軽いといふことにもなりかねない。さう思つて、あつけにとられたのである。

（福田恆存「裁判ごつこ」[6]）

この文章で、福田氏は、「夫が就寝中殺すこともできたのにシンボルを切取るだけにとどめたこと」という情状酌量の理由をとりあげ、それならば類似の状況である

「放火も出来たのに、物盗りですませた」や「強盗にはひつて、夫婦二人とも殺せたのに、一人ですませた」にも同様の判断をしなければならなくなるではないかとして、この判決を揶揄している。この場合、上の三つの状況を括る範疇（より重い犯罪も可能でありながら、それよりも軽い犯罪だけにとどめたこと）は議論中には明示されていない。議論は具体的な一つの状況（事例）から、それと類似した他の状況（事例）へと、範疇への言及なしに直接的に移行される。この型の議論が、類似からの議論と呼ばれる所以である。

2　暗示的人格攻撃

すでに述べたように、類似からの議論は、「同じ本質的範疇に属するものは同じ待遇を受けるべきである」という正義原則によってその説得力を与えられている。Aという事例に対してSという扱いをしたならば、Aと「同じ本質的範疇に属する」（本質的諸点において類似している）事例Bについても Sという扱いをすることが正義に適っている（公正である）とみなされる。もし敢えて他の扱いをしようとするならば、それを正当化する理由の説明が要求されるのである。だから、われわれは正義原則によって、自らの主張を正当化するのみならず、相手の主張がこの原則に違反していることを指摘して、その誤りであることを論証する議論を展開することもできる。本節では、後者の場合を考えてみたい。先に、「互いに大変似ている二つの状況に対し、対応の仕方を変えることは、不公正を含むものとしてふつう不正とみなされている」というペレルマンの言葉を引用したが、正義原則に違反することは、その主張の論理性が否定されるだけでなく、そのようなことを主張する論者の「不公正」な態度までもが糾弾されることを意味する。つまり、二重の効果によって主張の信憑性が失われることになるのだ。リオネル・ベェルランジェ（Lionel Bellenger）は、類似からの議論について、「論理にもとづくと同時に、われわれの価値体系における正義概念の威信にも基礎をおくものである」(7)と述べている。この言葉は、類似からの議論のもつ重層的な説得力の出所を的確に指摘したものと言えるだろう。

アリストテレスは『弁論術』の中で、「言論を通してわれわれの手で得られる説得」を、以下の三種に分類している(8)。

1 「性格（ῆθος、エートス）」

論者の性格が、信頼するに足ると思わせることによって説得する。「人柄の優れた人々に対しては、われわれは誰に対するよりも多くの信を、より速やかに置くものなのである。このことは一般にどんな場合にも言えることであるが、とりわけ、確実性を欠いていて意見の分れる可能性がある場合にはそうする」。

2 「感情（πάθος、パトス）」

聴衆の感情を利用して、彼らが自分（論者）の言うことを肯定的に受け入れるような気分に引き入れて説得する。「われわれは、苦しんでいる時と悦んでいる時とでは、或いはまた好意的である時と憎しみを抱いている時とでは、同じ状態で判定を下すとは言えないからである」。

3 「論理（λόγος、ロゴス）」

言論そのものに依存し、証明するか、証明したと見せることによって説得する。つまり「個々の問題に関する納得のゆく論に立って、そこから真なること、或いは真と見えることを証明する場合を言う」。

これによれば、相手の主張が正義原則に違反していることを指摘する議論は、ロゴスとエートスの両面からそれを切り崩していることが分かる。「同じ本質的範疇に属」しているにもかかわらず対象によって「待遇」を変えているような主張は、その論理的整合性を否定することができる。これはロゴス面の切り崩しである。さらに、そのような「不公正」なことを平気で主張する論者は、その人格を疑わしめるに十分であり、そういう人物の主張することには信用がおけないということになる。こちらはエートス面での切り崩しだ。ロゴスのみならずエートスにまで批判が及ぶことは、この種の類似からの議論の大きな特徴であり、とくに強調すべき点である。アリストテレスは言っている。「弁論の技術を講ずる二、三の人々は、論者の人柄のよさは言論の説得性にとりなんの足しにもならないとして、これをも弁論の技術に含めることはしていないが、事実は彼らの言うのとは違い、論者の人柄は最も強力と言ってもよいほどの説得力を持っているのである」。逆に言えば、論者の人柄が疑われることは、その論の説得力にとって致命的な打撃を被ることになる。これを、実例をあげて説明してみたい。

その戸塚ヨット・スクールの校長の戸塚宏というひとの書かれた著書で、『私が直す』という本を、最近出版社から贈られてさっそく一読し、いろいろ興味をそそられました。この本は朝日新聞と読売新聞とに広告を出そうとしたところ、広告代理店を通じて掲載を拒否されたそうです。刑事事件の被疑者の著作についての広告は、容疑が晴れるまでのせることを見合わせるという説明があったと、書かれています。本のなかにではなく、本にはさみこまれた出版社の説明によってそれを知りました。

これには、呆れました。刑事事件の被告の書いた本の広告は、新聞にいくらでも出ています。連合赤軍の例の大量殺人事件で告訴された永田洋子の『十六の墓標』とかいう本や、連続殺人で告訴され、最近最高裁で差しもどしの判決があり、事実上死刑の確定された永山則夫の『無知の涙』とかいう本も広告をのせられています。

（村松剛「ヨット・スクールを擁護する」[9]）

この文章の中で、村松氏は、「刑事事件の被疑者の著作についての広告は、容疑が晴れるまでのせることを見合わせる」という新聞社の説明が偽りであることを指摘する。実際には、被疑者どころか、最高裁で死刑が確定した人間の著作の広告まで堂々と載せられているのだ。したがって、新聞社が、戸塚氏の著書の広告の掲載を拒否したことには正当性がなく、誤りであるという結論を帰結することができる。——村松氏の議論の、論理的な説得力はここまでだ。が、この議論は、表面的な「論理」を超えて、戸塚氏に対してそのような不公正な取り扱いをした新聞社のエートスを失墜させる効果がある。ここから、読者は、新聞の、戸塚氏および戸塚ヨット・スクールに関する報道が偏見に満ちたものであり、そのまま信用することはできないと感じてくるようになるかもしれないのだ。これは「ヨット・スクールを擁護する」村松氏にとっては、願ってもない効果だろう。もう一つ、例をあげてみよう。

断言しても良い、現行憲法が国民の上に定着する時代など永遠に来る筈はありません。第一に、「護憲派」を自称する人達が、現行憲法を信用してをらず、事実、守つてさへもゐない。大江氏は憶えてゐるでせう、座談会で私が、「あなたの護憲は第九条の完全武装放棄だけでなく、憲法全体を擁護したいのか」と訊ねた時、氏は「然り」と答へた、続けて私が「では、あなたは天皇をあなた方の象徴と考へるか、さういふ風に行動するか」と反問したら、一寸考へ込んでから、「さうは考へられない」と答へた。記録ではその部分が抜けてをりますが、私はさう記憶してをります。或は氏が黙して答へなかつたので、それを否の意思表示と受取つたのか、いづれにせよ改めて問ひ直しても恐らく氏の良心は否と答へるに違ひ無い。が、それでは言葉の真の意味における護憲にはなりません。

（福田恆存「当用憲法論[10]」）

この内容については、特に解説を必要としないだろう。福田氏の議論は、言葉の上では、大江氏の論理的一貫性の無さを指摘しながら、暗示的に大江氏に対する人格攻撃をも含んでいる（少なくとも、効果としてはそうだ）。「記録ではその部分が抜けてをりますが」というところも、なかなか芸が細かい。これでは、大江氏が意図的に都合の悪い箇所を削ったかのような印象を読者に与えるから、そのエートスはさらに傷つけられることになる。

以上の二つの例に見られるような、「同じ本質的範疇に属」しているにもかかわらず、「種」によってその対応を変えることをダブル・スタンダード（二重基準）を用いるという。もちろん、悪い意味の言葉である。これに対して、「いや、種差が問題なのだ。戸塚の著作と永田や永山の著作とでは事情が異なる。憲法第九条と第一条も同列に扱うことはできない」と反論してくる人がいるかもしれない（実際にいた）。が、この反論は成り立たない。なぜなら、ここで批判されている言明は、「刑事事件の被疑者の著作」・「（日本国）憲法」という類（範疇）全体について成されたものだからである。[11]類はそもそも種差を捨象して作られるものであるから、共通する性質以外の要素は捨てられている。もし種差が問題なら、類全体について論じるようなことはせずに、はじめから論点となる具体的な対象だけを論じればよかったのだ。最初に原則が存在する法律の情状酌量とは訳が違う。だから、この場に及んで種差など持ち出せば、その議論の不公正な印象はますます強まり、彼らのエートス失墜を一層加速させるだけのことになってしまうのである。

3 相手の主張を不条理に帰結させる論法

類似からの議論の中で、相手の主張を押し進めて不条理な結論に帰結させ、そこからその主張の誤りであることを論証する論法がある。(12) もしAという事例に対してSという扱いをしたならば、Aと「同じ本質的範疇に属する」（本質的諸点において類似している）事例Bに対してもSという扱いをしなければならない。しかしながら、BにSという扱いをすることは不条理である。したがって、AにSという扱いをしたことは間違っている――これは論理学で言うところの、帰謬法（reductio ad abusurdum）の一種である。第1節でとりあげた、福田恆存氏の議論を思い出していただきたい。「夫が就寝中殺すこともできたのにシンボルを切取るだけにとどめたこと」という事実をもって情状酌量の理由とするならば、類似の状況である「放火も出来たのに、物盗りですませた」や「強盗にはひつて、夫婦二人とも殺せたのに、一人ですませた」にも同様に情状酌量を適用しなければなるまい。が、そんな馬鹿げたことは誰も認めないであろう。とすれば、最初の例に情状酌量を与えたこともまた誤りだったのではないかと言うのである。つまり、ある主張が誤りであることを、その内容から直接に論じるのではなく、より判断しやすい類似の主張が不条理に陥ることを指摘することによって論証しようとするのだ。新しい例をあげてみよう。

白人のアメリカ英語だけを教えてフィリピンの英語を教えないのがラミス氏のいうように差別だというなら、海外の日本語学校で標準語を教えてハワイ二世の日本語や東北弁や九州弁を教えないのが差別だということになります。何が標準語かは必ずしも簡単に定義できないかも知れませんが、英語ならＢＢＣ（イギリス）、ＮＢＣ（アメリカ）のアナウンサーの使う英語が標準語で、外国語教育にあたっては方言ではなく標準語中心というのが当然の原則でしょう。

（澤田昭夫『外国語の習い方』[13]）

ラミス氏は、日本の学校が白人の英語だけを教えてフィリピンの英語を教えないのは差別であると主張する。これに対して澤田氏は、それでは海外の日本語学校で標準語を教えてハワイ二世の日本語や方言を教えないという類似の状況も差別と考えるかと応じる。そしてもしそれを差別と考えないならば、同様に日本の学校における英語教育のあり方も差別と考えてはならないとするのである。

次は、少し変わった例を引いてみたい。かつて、安田徳太郎氏が、『万葉集の謎』という本を著し、ヒマラヤ山脈に住むレプチャという民族の言語が日本語と極めて類似していることを指摘して、その同系であることを主張したことがあった。これには何人かの言語学者・国語学者から批判が出されたが、その中で最も「傑作」だったのが、金田一春彦氏の「『万葉集』の謎は英語でも解ける」という論文である。金田一氏は、安田氏が日本語とレプチャ語が同系であると「証明」した方法を用いれば、日本語と英語が同系であると「証明」することも可能であると言うのだ。この洒落っ気たっぷりの論文は是非とも長めに引用しなければならない。

安田博士は、民間の俗語の解釈から入ったから、それにならえば、まず、博士はアカンはレプチャ語の「自分の考えと一致しない」という単語だと言われた。それなら、こちらは、俗語のオジャンは、英語のアジャン（adjourn―延期する）だと行こう。延期することはオジャンになることだ。と同時に、一時流行したアジャパーという単語は、コメディヤン伴淳氏とやらの発明というのはウソで、このオジャンに、手をひろげて「処置なし」の表情を表わすパーをつけたものだということになる。

では、なぜ手をひろげることをパーというか。これは英語のペーパー（paper）

のパーだ。だから、ジャンケンの時に、「紙」をパーというのだ、とはいかが。安田博士によると、レプチャ語の近くにアッチャ語というのがあって、そこで「五つ」がパンガーとなっている、それがジャンケンのパーになったと言われるが、英語説の方がはるかに見事ではないか。

ついでにジャンケンのグーは何か。博士は、レプチャ語のグン（からっぽ）から来たと言われる。が、にぎりしめた形を「からっぽ」というのは変だ。それよりも英語のグッズ（goods—品物）から来たとしたらどうだろう。チョキは？ 博士は、レプチャ語で、ジャピ・ツ（鋏の両刃）だと言われる。英語で説明すれば、これはチョップ（chop—きざむ）＋「切る」の合成語であるチョッキリ（はさみ）の略語だ。チョッキリは、「五千円チョッキリ」というような時に、今でも使う。「はさみで裁断したように」の意味で、はしたのないことになる——とやれば、グーチョキパーも英語で解けてしまった。（中略）

安田博士は、開巻一ページに、日本語の「売る」は、レプチャ語の ul に同じ、日本語の「汁」は、レプチャ語の sil に似ていると言われた。それならば、日本語のセリ売りのセリは、英語のセル（sell）に同じく、日本語の「つゆ」は、英語のディユー（dew）に似ている。博士は、ミソッパのミソは、レプチャ語のnyitから来たとされるが、これはおよそ似もやらぬ。それくらいなら、ミソは、ミソヲツケルのミソで、もとは「失敗」の意、英語のmissから来たものと応じたい。

（金田一春彦「『万葉集』の謎は英語でも解ける」）[14]

金田一氏の論文はこの調子で進み、ついには『万葉集』の難語句をも英語で解釈できることを「証明」するに至るのである。金田一氏のとった戦術は明らかであろう。ただ単に、似た単語があるというだけで、日本語とレプチャ語が同系であると言うならば、日本語と英語だって同系であると言うことができる。が、さすがの安田氏も、よもやそんな馬鹿なことは認めまい。それならば、日本語とレプチャ語が同系であるという説もまた怪しいのではないか。

言うまでもないことであるが、この論法が功を奏するためには、読み手が類似の状況について、それが不条理であることを十分に認識してくれる必要がある。金田一氏は、もちろん、それを十分考慮して、日本語と同系であることを証明する言語に英語を選んだのだ。つまり「英語ならば、私がどのように巧妙に論理を運んでも、私に釣られて、日本語と英語が同源だと信じ込む向きは万々あるまいとの安心感による」ものだ。だが、この考えは少し甘すぎたようだ。論文を読んだ一読者から、次のような手紙が舞い込んで来たという。

> 先生の御論文、まことに博学ぶりに敬意を表しました。仰言《おつしや》る通り日本語と英語とは同じ起源の言葉かもしれません。しかし、地理的に見て、レプチャ語と日本語と同系だという安田博士のお説に引かれます。どうぞ一層この方面のことについて研究を加えられますことを祈り上げます。[15]

金田一氏は、この手紙に対して、「どう答えていいかわからなかった」そうだ。これはやや極端な例だが、それだけにこの論法が空回りする場合のあり方を「劇的に」示してくれている。

4 その他のヴァリエーション

類似からの議論のヴァリエーションの一つとして、「差異からの議論」と呼ばれるものがある。もしAという事例に対してSという扱いをしたならば、Aと「同じ本質的範疇に属する」（本質的諸点において類似している）事例Bに対してもSという扱いをしなければならない。しかしながら、BにはSという扱いをすることができない。とすれば、Bという事例には何か問題があるのではないか。これは、例えば、次のような議論だ。

ところが、これほど日本の教育の中で大きな位置を占めている英語教育の成果が、不思議なことにどうも思わしくないという点では、立場の相違、問題点の把握の違いはあっても、ほとんどの人々の意見が一致しているようである。一口に言えば、これらの人々の英語が使いものにならないのだ。

使いものにならないとは、大学を出ても英語の手紙一本満足に書けないとか、英字新聞もろくに読めるようにならないなどという末梢的な実用性のことだけではない。これほど学校が英語に力を入れているのに、英語が身について大学を出る人があまりに少なすぎるということなのである。なにしろ英語を十年近くもやったのならば、人それぞれの好みや必要に応じて、いちおう英語を使って何かやれる人が、もっと出てきてもよい筈だ。

たとえばピアノを十年近くも習って、ジャズでもいい、ショパンでも、モーツアルトでもいい、とにかく何かしらの曲が弾けるようにならない人がいるだろうか。お茶にしてもお花にしても十年もやれば、少しは恰好がつくのが普通ではないだろうか。それなのに何故英語は身につかないのだろうか。

（鈴木孝夫『閉された言語・日本語の世界』(16)）

鈴木氏はまず、ピアノやお茶やお花は一〇年もやれば何らかの成果があるものであるということから論じ始める。とすれば、それらと（技術体系という点で）類似の（同類の）ものとみなされる英語においても、一〇年もやればある程度の成果が期待されるであろう。しかしながら、実際には、英語は一〇年近くやっているにもかかわらず全くものになっていない。――ここから日本の英語教育のあり方には何か間違いがあるのではないかという疑問が提出できるのである。

今度は、少し組み立ての違う議論の例を引いてみよう。六〇年安保闘争の立役者であった清水幾太郎氏が、一年後にその総括を試みた文章である。

六月十五日（昭和三十五年）の夜、というより、もう十六日の未明であった。すでに樺美智子は殺されていた。国会の横では警視庁のトラックが何台か燃えていた。一時は国会の周囲を埋めつくしていた群衆もかなり減った。私たちは国会の正門に近い路上に立っていた。その時、警官隊は国会構内から私たちに向って催涙弾を発射した。それから、警棒を振上げ、喊声をあげて私たちに突撃して来た。私たちは国会の建物を右に見ながら、南通用門の方へ駈け出した。警官隊との距離はグングン縮まる。心臓が苦しい。私たちは小さな通りを左折した。警官隊の主力は、私たちが左折した角を通り過ぎ、そのまま直進して、前方に座り込んでいた大学教授団に襲いかかったのである。その時の模様を記録は次のように語っている。「警官隊は、逃げる者たちを追いながら、道路いっぱいに左右一ないし一・五メートル、前後約三メートルくらいの隊形で教授団に向ってきた。警官隊は警棒を肩の上まで振り上げ、「ワー」と喊声をあげながら、速足で近づき、先頭のなかには六尺に近い棒を振り上げている者も数名あった。教授団は、……

口々に「ここは教授団だぞ」、「ここは大学、研究所の者です」と叫び、目前の警官隊に知らせた。警官隊の一部は一瞬立ち停ったように見えたが……。」(『歴史への証言』日本評論新社)

二秒か三秒の違いで私たちは助かった。しかし、私たちが小さな通りを左折しないで、警官隊の攻撃に直面したら、「僕は大学教授だぞ」と「目前の警官隊に知らせた」であろうか。それが学生であったら、「僕は学生です」と言ったであろうか。労働者なら、「僕は労働者です」と言ったであろうか。作家なら、「僕は作家です」と言ったであろうか。クリーニング屋なら、「僕はクリーニング屋です」と言ったであろうか。私は警官隊の暴行を憎む。しかし、それと同時に、あの切迫した瞬間に自分を大学教授として、撲られる必要のない人間として素早く大衆から区別したインテリの余裕を私は不思議に思う。安保改定やその強行採決が国民大衆を敵とするものであることは、インテリが先頭に立って説いて来た筈であるのに、そのインテリ自身が撲られる理由のないものとして国民大衆から自分を区別したのである。それゆえに、私も、私自身を含めてインテリというものを国民大衆から区別して取扱わねばならない。

（清水幾太郎「安保闘争一年後の思想——政治のなかの知識人」[17]）

清水氏がここで批判しているのは、インテリの甘えと思い上がりである。安保闘争には様々な職業の人間が参加したが、警官隊に殴られそうになっても誰も自分の職業を告げたりはしなかった。自分に殴られないですむ特権が与えられているとは考えもしなかった。が、「大学教授」諸氏は違った。彼らは、迫り来る警官隊に向かって、「ここは教授団だぞ」「ここは大学、研究所の者です」と絶叫したのである。つまり、自分は、一般の「国民大衆」と違って、殴られないですむ特権的職業に就いている人間であるということを警官隊に知らせようとしたわけだ。清水氏の議論は、ぎりぎりの切迫した瞬間で「大学教授」がとった態度と、他の職業の人間がとるであろう態度との「差異」を問題にすることによって、「国民大衆」と共に安保闘争に立ち上がったとする「大学教授」が、実際には自分自身を一般の「国民大衆」とは別格の高みにおいているということを指摘し、その偽善と偽物性を暴き立てようとしたものである。

これは前出の鈴木氏の議論とはやや型式が異なるが、「安保闘争の参加者」という範疇の要素間の差異を論証の要にしているという点で、「差異からの議論」の一種であると言うことができよう。

さらに、類似からの議論のヴァリエーションのひとつとして、「相互性の議論」と呼ばれている議論型式についてもふれておきたい。相互性の議論とは、これもペレルマンによれば「互いに対をなしている二つの状況に対して同じ扱いをしようとする」[18]（visent à appliquer le même traitement à deux situation qui sont le pendan l'une de l'autre）議論である。すなわち、この型の議論においては、正義原則は類似の状況ではなく対称的・相関的な状況に対して適用される。古典修辞学のテキストからその実例を拾ってみよう。「学ぶことが尊敬すべき行為であるならば、教えることもまた尊敬すべき行為である」[19]「もし心ならずもわれわれに害を加えた人に対して怒るのが正しくないならば、強いられてよくしてくれた人に対して感謝することも適当でない」[20]「もし諸君が徴税権を売ることを恥ずかしく思わないならば、われわれもそれを買うことを恥としない」[21]「もし大柄な子供を大人とみなすならば、小柄な大人は子供だと決めなければなるまい」[22]。これらの議論は、対称的・相関的な状況を同一視することを要求しているのである。

5　反論の方法

では、類似からの議論に対して反論を加えるには、どのような方法が可能であろうか。これには、類似からの議論が正義原則にもとづいている以上、それが適用されなくなる条件を考えればそれですむ。すなわち、二つの事例間の（本質的）類似性を否定すればよいのである。例えば次のような類似からの議論は簡単に反駁できる。

「ローマの有名靴店は日本人客だらけだよ。いくら技術が進歩しても日本製靴はダメなのかな」

イタリアの友人が溜飲を下げたような顔をしたのでいい返してやった。「日本人の生活に靴が入ってからまだ百年もたっていないんだぜ。今だって家の中では靴を脱ぐ生活が普通だから仕方がないさ。そんなことをいうならイタリア人のげた職人がいるのかい」

（坂本鉄男「隠れた名靴職人[23]」）

これは筆者自身が「下手な負け惜しみ」と言っているだけあって、確かにうまい議論ではない。日本における靴の普及度と、イタリアにおける下駄の普及度がまるで違うからだ（後者は限りなくゼロに近い）。だから、「イタリア人のげた職人」など、いないのが当たり前なのである。

さて、次は、「大物」に登場してもらおう。

余が何故こんな事をくだくだ敷論ずるかと云ふと、よく人から「文学は科学ぢやあない、科学的に文学が研究出来るものか」抔《など》といふ言語を承はる事があるからである。此等の人の言ひ草は恰《あた》かも花は科学ぢやない、花は科学的に研究出来るものかと云ふに等しい。又鳥は科学ぢやない、鳥が科学的に研究出来るものかと云ふに同じい。成程花は科学ぢやない、然し植物学は科学である。鳥は科学ぢやない、然し動物学は科学である。文学は固《もと》より科学ぢやない、然し文学の批評又は歴史は科学である。少くとも一部分は科学的にやらなければならぬ。出来るか出来ぬかは勿論別問題である。

（夏目漱石『文学評論』(24)）

これは漱石らしからぬ、非論理的な文章だ。こんなひどいものには、学生の作文でもめったにお目にかからない。この漱石の議論は二重におかしい。第一に、ある人の言う「文学は科学ぢやあない」という言葉は、「恋は理屈ではない」と言うのと同じで、「文学」というものは「科学」では説明がつかぬという意味だ。決して、「文学(小説、詩、戯曲、等)」が「科学」という範疇に入らぬと言っているのではない。そんな分かり切ったことを、わざわざ力みかえって主張する人がいるわけがない。だから、これを、「此等の人の言ひ草は恰かも花は科学ぢやない、花は科学的に研究出来るものかと云ふに同じい」と、「相手の主張を不条理に帰結させる論法」にもちこもうとしても、肝心の類似の設定が誤っているからまるで意味をなさないのである。

第二に、「花は科学ぢやない、然し植物学は科学である」「鳥は科学ぢやない、然し動物学は科学である」から、「文学は固より科学ぢやない、然し文学の批評又は歴史は科学である」という理屈が出てくるだろうか。これが成り立つためには、「植物」・「動物」・「文学」が、「科学的研究の対象」として類似した性質をもっていなければならない。が、「文学」は、「植物」・「動物」とは違い、その研究には必然的に研究対象についての価値判断を伴う。この価値判断が、厳密・客観的な方法で行えないからこそ、「科学的に文学が研究出来るものか」という意見が出てくるのである。そもそも、「文学」が科学的に研究できることをわざわざ「論証」しなければならないところに、「文学」が「植物」や「動物」とは本質的に異質の対象であることが裏切り示されているではないか。植物学者や動物学者にはそのようなことは必要ないからだ。したがって、「植物」・「動物」と「文学」との類似を前提としたこの議論は、その類似が成り立たぬ以上、論証の機能をもたないことになる。漱石はさらに妙なことを言っている。文学の研究は「少くとも一部分は科学的にやらなければならぬ。出来るか出来ぬかは勿論別問題である」。冗談を言ってはいけない。「出来るか出来ぬか」こそがここでの問題ではないか。先には、「文学の批評又は歴史は科学である」と断言しておきながら、後になって、科学的研究が「出来るか出来ぬかは勿論別問題である」などと支離滅裂のことを口走る。ヴィクトリア王朝最終期の自然科学の隆盛を砂かぶりで目撃しそれに圧倒された者の、強迫観念を伴った「科学」コンプレックスがこのような非論理的な文章を書かせたのであろうか。

もう一つ例をあげよう。こちらも、なかなか評判になった文章だ。

こういうことをいうと、お前は作句の経験がないからだという人がきっとある。そして「俳句のことは自身作句して見なければわからぬものである」という（水原秋桜子、「黄蜂」二号）。ところで私は、こういう言葉が俳壇でもっとも誠実と思われる人の口からもれざるを得ぬというところに、むしろ俳句の近代芸術としての命脈を見るものである。十分近代化しているとは思えぬ日本の小説家のうちにすら、「小説のことは小説を書いて見なければわからぬ」などといったものはない。ロダンは彫刻のことは自分で作ってから言えなどとはいわなかったのである。映画を二、三本作ってから『カサブランカ』を批評せよなどといわれては、たまったものではない。しかし俳句に限っては、「何の苦労もせずして、苦労している他人に忠告がましい顔をして物を言うことはないと思う」（秋桜子、同上）というような言葉が書かれうるのは、俳句というものが、同好者だけが特殊世界を作り、その中で楽しむ芸事だということをよく示している。

（桑原武夫『第二芸術』[25]）

桑原氏は、「俳句のことは自身作句して見なければわからぬものである」という意見に対し、小説や彫刻や映画などの分野ではそのようなことを言う者はないと反論して、俳句の前近代性を指摘する。しかし、ここで問題なのは、果たして「俳句を作る」と、「小説を書く」、「彫刻を作る」、「映画を製作する」を類似の事例とみなせるかということだ。結論から言えば、小説と彫刻はともかく、映画については、明らかにこの文脈で例として出すことは不適切である。なぜなら映画を作ることの困難さには、俳句のそれとは全く別の要素が加わるからである。桑原氏は「映画を二、三本作ってから（中略）批評せよなどといわれては、たまったものではない」と言う。しかしなぜ映画についてだけは「たまったものではない」のか。それは、映画の製作には、資金や技術などいわゆるハード面において、他の芸術とは桁はずれの困難さが伴うからにほかならない。したがって、自分で映画を作ってから他人の映画を批評せよなどと無茶なことを言う映画人がいないのは当然のことといえよう。俳句の場合とは違うのである。(26)

今度は、「差異からの議論」に反論してみよう。植垣節也氏の『文章表現の技術』の一節である。

さきにわたしは、日本の文章技術が本格的に研究されたことはないと言った。そして凡人の文章修業にはあまり参考にならない古い文章作法しかわたしどもには与えられていないことを言った。ところが、他の世界ではとっくの昔にその方法は開拓されているのである。

たとえば野球の入門書を手にとってみよう。そこにはピッチャーが投げる球種に応じて、ボールの握りかたがどう違うかを、図解入りで説明してある。親指、人さし指、中指の位置をどこにして、どう投げ下ろしたらシュートになるかが書いてある。その教えを忠実に守って投げればどんな初心者が投げてもボールは右に曲ってくれる。ただそのシュートに威力があるかないかは練習量と天性とによるにしても、シュートが投げたいときにシュートが投げられる方法が書いてあるのは、読者にとってありがたいことである。文章作法においてボールの握りかたにあたるのは、何であるかは容易に言えないが、その方法こそ読者の知りたいことである。

碁の本は、一冊読めば読んだだけは強くなれること疑いない。戦後、アマチュアの囲碁レベルが飛躍的に向上したと言われるが、それは囲碁の出版物が全国に大量に出まわったからである。碁の本にはだれにでもわかる定石とその変化の説明がしてあり、それを知っておれば明日からでも使って勝てる可能性があるのである。定石は昔から今までかかってプロ棋士が作りあげた最善の方法であって、凡人の知恵では何時間考えても考えつかない妙手の連続なのである。その知識をわかりやすく説明している本は、アマチュアの碁打ちへのすばらしい贈り物である。この「だれにもわかる」「だれにもやれる」という点が大切なのであって、文章の書きかたにも、天才ならざる凡人に練習次第でよい文章が書ける手順が開発されねばならないと思う。

ピアノの練習ではバイエルの教則本が必修コースである。単純な指の動きですむ曲から順に複雑な動きの曲に至るまで、並べてあるのに従って練習を積んでいくのが入門である。これで基礎ができなければ、名曲の演奏をしたくてもさせないのが常識となっている。文章にはバイエルはないから、最初からいきなり小説を書く人が多い。はたしてそれでよいのだろうか。（植垣節也『文章表現の技術』[27]）

この文章で、植垣氏は、「野球」や「碁」や「ピアノ」の領域では、素人が順を追って技術を上達させていくシステムが開拓されているのに、「文章」に関してはそのようなものがないことを指摘する。あらためて説明するまでもないことであるが、このような論じ方が有効となるためには、「野球をする」・「碁を打つ」・「ピアノを演奏する」と「文章を書く」が本質的に類似した行為でなければならない。類似した事例間の差異を問題にするのが、この「差異からの議論」である。ここでは最も分かりやすい箇所について、少々異論を唱えてみよう。右の引用の最後で、植垣氏は次のように言っている。「文章にはバイエルはないから、最初からいきなり小説を書く人が多い。はたしてそれでよいのだろうか」。が、この対比は明らかにおかしい。「小説を書く」という行為の本質を考えてみた場合、それに対応するのは、ここで言われているように「演奏する」ではなく、「作曲する」の方でなければならないからだ。では、音楽の世界では、それに従えば誰でも作曲ができるというシステムは確立されているのだろうか。確かに作曲法というものがあるにはあるようだが、肝心の曲想の構想については、結局個人のひらめきに頼るしかない。とすれば、それは「小説を書く」場合と同じではないか。従って、「文章」の領域では技術上達のためのシステムの開拓が遅れているとする植垣氏の主張は論証されていないことになる。その「遅れ」は、比較にならないものと比較したために生じた偽りの「遅れ」であるからだ。

右の例は、明らかに誤った類似からの議論の例であるが、同様の批判は「正しい」議論に対しても可能である。今までにとりあげてきた他の例文にしても、決して批判を許さぬ完璧なものではない。なぜなら、類似からの議論は、二つの類似した事例を同じやり方で扱うことを要求するが、その類似性は本来的なものではなく論者がその時々の議論の目的によって設定したものにすぎないからだ。従って、その気になればいくらでも差異点を見つけだすことが可能である。それらの差異が、重要な（本質的な）ものであるかあるいは無視してよいものであるかは、その議論の目指す目的との関係によって決まってくるが、論争の余地は残る。例として第1節で扱った福原麟太郎氏の議論を再びとりあげてみよう。福原氏は言う。「野球選手だって水泳選手だって、体育の時間だけであれだけ練達したのではない。国際社会で外国語の選手になりたければ、野球や水泳の選手なみに猛訓練を受けるべきである」。これに対して次のように反論したとすればどうだろうか。「英語の時間には英語だけを勉強しますが、体育の時間には野球や水泳だけを練習するのではありません。したがって体育の時間だけで野球や水泳がさほど上達しないのは当然です。もし、英語の時間なみに野球の時間水泳の時間というのがあれば中高六年間で相当上達するはずです。英語は学校の授業時間だけでは上達しないなどというのは言い逃れです」。私がここで試みに見いだした差異（英語の時間と体育の時間との）は重要だろうか、それとも無視してかまわないものなのだろうか。これは一例であるが、このように、類似からの議論は絶えず差異の指摘によって脅かされている議論法であると言えよう。

最後に、正義原則がかえって不公平を生じる場合のあることにふれておこう。以下にあげるのは、フランシスコ・デ・ビトリアの国際法を論じた長谷川三千子氏の文章である。

十五世紀の末スペインに生まれたこの大学者は、伊藤不二男博士の言葉をお借りすれば、「〈全体社会〉を、異教徒をもふくめてすべての人間によつて構成された、真実の意味における普遍的人類社会とみ」、「すべての民族に共通に妥当し、真実の意味において全人類に普遍的に当てはまる法の存在を、はじめて説いた」ことによつて、国際法といふものの端緒を開いた、と言はれてをります。

実際、ビトリアの説く国際法の理論は、十八世紀の「ヨーロッパ公法」としての狭い国際法とは全く対照的に、異教、異文化の民族をもちやんとその視野の内に入れて考へてをり、しかも、二十世紀の今も一つのお手本になりうる位「対等」にそれを扱つてをります。今も写本の残る特別講義「インド人について」に於いて、彼は、インド人（アメリカ大陸のインディオ）も立派に理性を有し、自らの首長を選ぶ権利のあることを断言するなど、終始一貫してインド人の対等な権利を認めてゐます。

ところが、他ならぬその「対等な権利を認めること」それ自体に於いて、ビトリアは或る最も大切なことを見のがしてしまふのです。

たとへばビトリアは、スペイン人がインドの地を旅行し、滞在し、そこで通商する権利を認められるのと完全に対等に、インド人にもスペインを旅行し、滞在し、通商を行ふ権利を認めます。そして、このやうな「交通の権利」及びそれに基く「通商の権利」は「自然的理性がすべての民族の間に定めた」もつとも基本的な権原の第一（及び第二）である、とします。

この議論のもつ落とし穴は、一目でお解りになりませう。ここに認められてゐる「対等の権利」は、現実には全く一方的なものでしかありません。しつかりとした大きな船をもち、羅針盤をもち、何よりも、海を渡つて自分達本来の土地以上の地を求めようといふ欲求をもつた十六世紀のヨーロッパ人達にとつては、成程この権利は「自然的」なものであり、必要なものでもありませう。しかし、大洋を渡つて他の民族の地を大挙侵略する手段もなく、又その必要もない別の民族にとつては、それは「自然的理性によつて定められた」権原でも何でもない。むしろ逆に、彼らの自然的理性（勿論、このやうに言ふとき、すでにその意味は、ビトリアの言ふのとは異なる意味を帯びることになるのですが）に反するものでさへある。

（長谷川三千子「「国際化」という言葉を再考する」[28]）

ここで指摘されているのは、公平のもたらした不公平である。権利は平等に与えられていても、それを実行に移す力も必要もなければ、結局は何も与えられていないのと同じ事になってしまう。それが可能な強者のみが特権的にその権利を行使することになるのだ。もう一つ文章を引用しよう。こちらは、公平に扱うことが不公平になることに気づいた例だ。

……次於道路辻捕女事、於御家人者百箇日之間可止出仕、至郎従以下者、任大将家御時之例、可剃除片方鬢髪也、但於法師罪科者、当于其時可被斟酌、

（『御成敗式目[29]』）

つまり、路上で婦女子に狼藉を働いたものは、郎従以下においては、片方の鬢髪を剃り除くという刑が課せられる。ここで面白いのは、「法師の罪科においては、その時に当たりて斟酌せらるべし」という但し書きだ。つまり坊主には剃るべき毛がないのだから、公平に罰則を適用すればかえって不公平になってしまうのである。笑い話のような条文だが、法の下の平等を何とか達成しようとする心構えが感じられて、北条氏の執政はなかなかのものではなかったかと思わせる事例でもある。

［注］

（1）ウンベルト・エーコ、河島英昭訳、『薔薇の名前』上、東京創元社、一九九〇年、三三八—三三九ページ。

（2）ペレルマン、『説得の論理学』、一〇五ページ。Chaïm Perelman, *L'empire rhétorique*, Paris : Vrin, 1977, p. 81. 正義原則については以下の文献も参照。足立幸男、『議論の

論理』、一一〇ページ。Perelman et Olbrechts-Tyteca, *Traité de l'argumentation*, pp. 294-97. Chaïm Perelman, *The New Rhetoric and the Humanities*, Dordrecht : Reidell, 1979, pp. 20f., 131. ペレルマン、『法律家の論理』、二〇、二八九―九〇ページ。なお、Stephen Toulmin らが stare decisis と呼び、Perry Weddle が moral argument と名づけて展開している理論も正義原則と同様のものである。Stephen Toulmin et al., *An Introduction to Reasoning*, New York : McMillan, (1978) 1984, pp. 216-19. Perry Weddle, *Argument : A Guide to Critical Thinking*, pp. 151-53.

（3）新潮社、昭和六〇年、二四九―五〇ページ。

（4）ペレルマン、『説得の論理学』、一〇六ページ。Perelman, *L'empire rhétorique*, p. 81.

（5）『福原麟太郎著作集』、第九巻、研究社、昭和四四年、一六二―六三ページ。

（6）『福田恆存全集』、第四巻、昭和六二年、四一七―一八ページ。

（7）Lionel Bellenger, *L'argumentation : Principes et methodes*, Paris : ESF, (1980) 1992, p. 51.

（8）アリストテレス、戸塚訳、『弁論術』、1356a.

（9）『豊かな社会の相続人たち』、日本教文社、昭和六〇年、一〇〇ページ。

（10）『福田恆存全集』、第六巻、昭和六三年、一四八ページ。

（11）「憲法」と「(各)条項」の関係は、正確には「類と種」の関係ではなく、「全体と部分」の関係であるが、ここでは便宜上「類と種」という用語で統一した。

(12) cf. Eggs. *Grammaire du discours argumentatif*, p. 229.
(13) 講談社学術文庫、(昭和五九年) 昭和六〇年、一四五ページ。
(14) 『金田一春彦 日本語セミナー五 日本語のあゆみ』、筑摩書房、(昭和五八年) 昭和六二年、二六六—六七ページ。
(15) 同書、三四〇ページ。
(16) 新潮社、(昭和五〇年) 昭和五六年、二〇九ページ。
(17) 『無思想時代の思想——わが精神の放浪記2』、中央公論社、(昭和五〇年) 昭和五四年、三一—三三ページ。
(18) Perelman et Olbrechts-Tyteca, *Traité de l'argumentation*, p. 297.
(19) Quintilianus, *Institutio Oratoria*, V. X. 78.
(20) アリストテレス、池田美恵訳、『弁論術』(『世界古典文学全集』、第一六巻、筑摩書房、〈昭和四一年〉昭和六一年)、1397a.
(21) アリストテレス、池田訳、『弁論術』1397a.
(22) アリストテレス、池田訳、『弁論術』1399a.
(23) 『産経新聞』、平成元年、四月八日。
(24) 『漱石全集』、第一〇巻、岩波書店、(昭和四一年) 昭和五〇年、三五—三六ページ。
(25) 講談社学術文庫、(昭和五一年) 昭和六一年、一九—二〇ページ。
(26) この「違い」については、すでに福田恆存氏が指摘している。福田恆存、「芸術の転

落」(『福田恆存全集』、第二巻、昭和六二年)三〇九ページ。

(27) 植垣節也、『文章表現の技術』、講談社現代新書、昭和五四年、一四—一五ページ。

(28) 『諸君!』(昭和六〇年 一二月)、一六九—七〇ページ。

(29) 石井進他校注、『日本思想大系21 中世政治社会思想 上』、岩波書店、一九七二年、引用は、「密懐他人妻罪科事」の条。

第3章

譬え

1　関係の誇張

譬えによる議論もまた、それが論法として機能するためには、「譬えること」と「譬えられること」との間の「類似」関係を必要とする。しかし、その論法としての働きは、前出の類似からの議論とは大きく異なる。それを順を追って説明するために、まずはアリストテレスの『詩学』(*Peri Poiētikēs*, ca. 330 B.C.)のある一節を引用することから始めたい。アリストテレスは『詩学』の中で、「言葉の転用すなわち比喩」を四種類に分類しているが、われわれがここで必要とするのは、彼が四番目にあげている「類比関係(*τὸ ἀνάλογον*)に従って転用される場合」についての説明である。

類比関係と私がいうのは、甲に対する乙の関係が、丙に対する丁の関係に類似している場合に成立する。確かに、こういうときには、ひとは乙の代わりに丁を言い、或いは丁の代わりに乙を言うのではなかろうか。善のイデアが他の認識対象に対する関係と太陽が生物に対する関係とは類似関係にあるから、善のイデアの代わりに

> 太陽という言葉が使われもする。
> （中略）或いはまた、別の例としては、老年（乙）が人生（甲）に対する関係は、夕暮（丁）が一日（丙）に対する関係に類似している、という場合をあげることができる。この場合、ひとは夕暮（丁）のことを「一日の老年」（乙に対して、乙がとって代わったもとの言葉丁の相関者丙が加わった形）と言い、或いは、恰もエムペドクレースのように、老年をも「人生の夕暮れ」（丁に対して、丁がとって代わったもとの言葉乙の相関者甲が加わった形）とか、「人生の日没」とかと言うであろう[1]。

説明はやや分かりにくいかもしれないが、実例がそれを多少補っていよう。われわれは「老年」のことを、「人生の夕暮れ」などという比喩を使って表現することがある。が、この場合、「老年」と「夕暮」、あるいは「人生」と「一日」の間には、それだけでは何ら類似するものはない。類似しているのは、「老年」が「人生」に対する関係と、「夕暮」が「一日」に対する関係なのだ。すなわち、この型の比喩（譬え）は、「関係の類似」をその前提としているのである。

この「関係の類似」という概念は、本章の考察の出発点となるものであるから、もう少し詳しく説明してみたい。紀貫之の筆になると伝えられる『古今和歌集』の「仮名序」に、いわゆる「六歌仙」を批評した件がある。ここで、われわれにとって興味深いのは、貫之が、おそらくは中国の文学論の真似をして、譬えを使ってこの批評を行っていることだ。その部分を引いてみよう（例としてあげられている和歌は省略する）。

そのほかに、近き世にその名聞えたる人は、すなはち、僧正遍照《そうじやうへんぜう》は、歌のさまは得たれども、まことすくなし。たとへば、絵にかける女《をうな》を見て、いたづらに心を動かすがごとし。

在原業平《ありはらのなりひら》は、その心余りて、詞《ことば》たらず。しぼめる花の色なくて匂《にほ》ひ残れるがごとし。

文屋康秀《ふんやのやすひで》は、詞《ことば》はたくみにて、そのさま身におはず。いはば、商人《あきひと》のよき衣着《きぬ》たらむがごとし。

宇治山の僧喜撰《きせん》は、詞《ことば》かすかにして、始め終りたしかならず。いはば、秋の月を見るに暁《あかつき》の雲にあへるがごとし。よめる歌多く聞えねば、かれこれをかよはして、よく知らず。

小野小町《をののこまち》は、古の衣通姫《そとほりひめ》の流《りう》なり。あはれなるやうにて、つよからず。いはば、よき女《をうな》のなやめるところあるに似たり。つよからぬは女の歌なればなるべし。
大友黒主《おほとものくろぬし》は、そのさまいやし。いはば、薪負《たきぎお》へる山人の花の蔭《かげ》に休めるがごとし。

(『古今和歌集・仮名序』(2))

今、この六人すべてを扱う余裕はないから、比較的分かりやすいものをいくつか解説してみることにする。まず、在原業平について貫之は、「その心余りて、詞たらず」と評している。要するに、作者が歌に託した心が豊富すぎて、それを表現する言葉が不足しているということであろう。この様子を、貫之は、「しぼめる花の色なくて匂ひ残れるがごとし」と譬える。つまり、業平の歌における「心(余りて)」と「詞(たらず)」との関係は、しぼめる花の「匂ひ(残れる)」と「色(なくて)」との関係に似ているということだ。これは関係の類似にもとづく譬えであり、「太った人」を「ブタ」と形容する類の譬えとは全く異質のものである。

もう一つ、文屋康秀のを見てみよう。こちらは関係がより分かりやすい。彼の歌は、「詞はたくみにて、そのさま身におはず」と批評されている。これは業平とはちょうど逆だ。言葉の技巧は優れているのだが、それが歌の内容と調和がとれていない。つまり内容が表現と較べて貧弱なのだ。或いは、表現が内容に較べて立派すぎるのだ。これを貫之は譬えて言う、「いはば、商人のよき衣着たらむがごとし」と。すなわち、康秀の歌における「(貧弱な)内容」とそれを表現する「(たくみな)詞」との関係は、「(卑しい)商人」と彼が身に着けた「(よき)衣」の関係に似ていると言うのである。

その他については省略するが、貫之がここで用いている譬えは、すべて関係の類似にもとづいた譬えである。数式で表現すれば、「譬えること」と「譬えられること」がA:B≒C:Dのような構造になっている譬えなのだ。そして、ここからがわれわれの主題に関わるのであるが、すでに幾人かの研究者が指摘しているように(3)、論法として利用される譬えはほとんどがこの種のものなのである。関係の類似ということ――譬えによる議論の分析はまずここから始めなくてはならない。以下に、譬えが論法として用いられた文章を二つあげてみる。

十五世紀はじめ、ブルネレスキという建築と彫刻の名人によってフィレンツェの「花のサンタ=マリア寺」の大ドームの建築に成功したことは、ルネサンスの到来を告げる建築史上の革命であった。ブルネレスキは、何とかして、無数の柱の集合によって高さを生み出すゴシック様式から離れたいと考え、四辺から壁石を細めていって力の均衡で柱なしに大ドームを作ることに成功した。これを、円屋根とはいえ先がとがっているからゴシック様式だなどと建築家がいうのは、ライト兄弟の飛行機は飛んでいる時間の方が滑走の時間より短いから自動車であるというようなものだ。創造精神を認めるかどうかということが問題なのである。

（会田雄次「美の陶酔と美の科学」[4]）

これらの誦文を一括して「手習詞歌」と呼ぶことは、おそらく、大矢透に始まるのであろう。もし先蹤があったとしても、それが定着したのは右の書名からである。そして、その名称とともに、これらの誦文の基本的役割についての認識も学界に定着した。しかし、阿女都千や以呂波が手習に使われた証拠をあげ、また、その目的にふさわしい外的な特質をそなえていることを指摘してみても、それらの誦文が、まさにその目的に供するために作られたことの確実な証明にはならない。それはちょうど、ブランディーが外傷の消毒のために醸造されたことを証明するのと同じような誤りをおかすことになる。

（小松英雄『いろはうた』[5]）

まずは会田氏の文章から解説してみよう。もはや念を押す必要もないと思われるが、会田氏の譬えは、決して「花のサンタ－マリア寺」と「ライト兄弟の飛行機」が「類似」していると言っているのではない。そこで主張されているのは、「花のサンタ－マリア寺」を「ゴシック様式」とみなすことは、「ライト兄弟の飛行機」を「自動車」と言うに等しい（類似している）ということである。すなわち類似は、「花のサンタ－マリア寺」が「ゴシック様式」に対してもつある限定された関係と、「ライト兄弟の飛行機」が「自動車」に対してもつ同様の関係との間に設定されているのだ。これは小松氏の文章においても同様である。小松氏は、「阿女都千（あめつち）」や「以呂波（いろは）」が「手習」すなわち文字を書く練習に使われたという歴史的事実をもって、それらが手習のために制作されたとする安易な考えを批判する。もし、甲が乙に使用されたという事実から、甲が乙のために作られたと結論づけるならば、ブランディーが外傷の消毒のために醸造されたと言うことだってできるではないか。ここでの類似は、「阿女都千」や「以呂波」が「手習」に対してもつ関係と、「ブランディー」が「外傷の消毒」に対してもつ関係との間に設定されているのである。

以上のことをおさえたうえで、譬えによる議論の論証機能をまとめてみよう。まず、ある論者が、論点となる対象についての自らの判断Aを、読者に受け入れさせたいと願う。そのために、議論の余地などないような、ある判断Bを提示して、その論理関係は判断Aと同じである（類似している）と主張する。そして、もし判断Bを認めるならば、それと同じ（類似した）論理関係をもつ判断Aも認めよと、読者に迫るのである。会田氏の例で説明すると、（飛んでいる時間のほうが滑走の時間より短いからといって）「ライト兄弟の飛行機」を「自動車」だなどと言わないのならば、（先がとがっている〈ゴシックの特徴を多く残している〉からといって）「花のサンターマリア寺」を「ゴシック様式」と言ってもいけないということになる。ただし、この論法が成功するためには、判断Bは、議論の余地など全くない明白なものでなければならない。それゆえ、判断Bは、判断Aに内包される論理関係を、より極端な、誇張されたかたちでもったものが多い。その意味で、「譬え」による議論は一種の誇張法であると言うことができよう（ここでいう誇張法はもちろん過大誇張法と共に過小誇張法をも含むものである）。

関係が誇張されているということ――これは譬えによる議論を考えるうえで、絶対に見落としてはならぬ重要な特徴である。譬えによる議論の長所も短所も、すべてはここからもたらされる。ただ単に、関係が類似しているという指摘だけでは、なぜ譬えを使わなければならないのかということは説明できない。類似しているだけなら、二つの判断を理解する労力は同じであるからだ。しかし、実際には、譬えはそれが譬えるものよりもはるかに理解が容易である。その理由は、譬えが、類似した関係を、そのままではなく誇張して提示しているからに他ならない。この誇張が、議論の対象となっている判断を一種の「極論」に変化させ、単純化することによって問題を鮮明にし、その是非の判定を容易にするのである。だから譬えは、議論のみならず、「説明」にも好まれる型式である。「極論」を見せることによって説明するのだ。例を一つ引いてみよう。ドストエフスキー（Ф. М. Достоевский）の小説『悪霊』（*Бесы* 1871-72）の中で、キリーロフという「自殺狂」が、「人間に自殺を思いとどまらせているものは何か」を説明する場面である。

「あなたの考えだと、人間に自殺を思いとどまらせているのは何なのです？」私

はたずねた。(中略)

「ぼくは……ぼくはまだよくわかりません……二つの偏見が思いとどまらせていますね、二つのこと。二つきりです。一つはたいへん小さなことで、もう一つはたいへん大きなことです。でも、その小さなことも、やはり大きなことにはちがいない」

「小さなことというと?」

「痛いことです」

「痛いこと? そんなことが重要ですかね……この場合に?」

「いちばんの問題ですよ。二種類の人があって、非常な悲しみや憎しみから自殺する人たち、でなければ気がちがうとか、いや、なんでも同じだけれど……要するに、突然自殺する人たちがいます。この人たちは苦痛のことはあまり考えないで、突然です。ところが思慮をもってやる人たち——この人たちはたくさん考えますね」

「思慮をもってやる人なんかがいるものですかね?」

「非常に多いですね。もし偏見がなければもっと多いでしょう。非常に多い。みんなです」

「まさかみんなとはね？」

彼は口をつぐんでいた。

「でも、苦痛なしに死ぬ方法はないものですかね？」

「ひとつ想像してみてください」彼は私の前に立ちどまった。「大きなアパートの建物ほどもある石を想像してみてください。それが宙に吊してあって、あなたはその下にいる。もしそれがあなたの頭の上に落ちてきたら、痛いですかね？」

「建物ほどの石？　もちろん、怖いでしょうね」

「ぼくは怖いかどうかを言っているんじゃない、痛いでしょうかね？」

「山ほどの石、何十億キロのでしょう？　痛いも何もあるものですか」

「ところが実際にそこに立ってごらんなさい。石がぶらさがっている間、あなたはさぞ痛いだろうと思って、ひどく怖がりますよ。どんな第一流の学者だって、第一流の医者だって、みんな怖がるにちがいない。だれもが、痛くはないと承知しながら、だれもが、さぞ痛いだろうと怖がる」

（ドストエフスキー『悪霊』(6)）

修辞学の入門書などで、譬えの機能について、「知られていないものを理解させるために、知られているものを利用する」(7)(utiliser le connu pour faire comprendre l'inconnu)といったような説明がなされていることがある。つまり、あまり知られていないものを理解させるのに、よく知られているもので譬えるということである。イタリアの形状を、「長靴のような」と形容するような譬えならば、この説明でもかまわないだろう。が、キリーロフが用いた譬えは、この説明を拒否する。ピストル自殺や飛び降り自殺と較べて、「大きなアパートの建物ほどもある石」が頭の上に落ちてくるほうがよく知られているとはとても言えないからだ。キリーロフの譬えが「私」を納得させたのは、それがよく知られているものだったからではない。極端な例を示すことによって、問題となる事情の理解を容易にしたからである。「人間に自殺を思いとどまらせているのは」「痛いこと」であるとキリーロフは言う。実際には、ほとんど痛みを感じる暇もなく死んでしまうのに、さぞ痛いのではないかと人は怖がる。この心理を説明するのに、キリーロフがもちだしてきたのが、「大きなアパートの建物ほどもある石」が頭の上に落ちてきたらという譬えである。そんな物が落ちてきたら、われわれには痛いも何もあったものではない、そのまま即死である。が、実際には、「石がぶらさがっている間、あなたはさぞ痛いだろうと思って、ひどく怖がりますよ。どんな第一流の学者だって、第一流の医者だって、みんな怖がるにちがいない。だれもが、痛くはないと承知しながら、だれもが、さぞ痛いだろうと怖がる」のだ。キリーロフは、痛いからという理由で自殺を思いとどまるのが不条理であることを、現実にはありえない、誇張された極端な場合を譬えで示すことによって説明しようとしているのである。

2 論争の武器としての笑い

話を、譬えによる議論に戻そう。すでに見てきたような、極端な誇張を受けた結果、譬えはしばしば「馬鹿馬鹿しい」くらい自明の判断となる。誰も「ライト兄弟の飛行機」のことを「自動車」だと言ったりはしない。また、「ブランディー」が「外傷の消毒」のために醸造されたと考えもしない。が、これらの譬えは、相手がさもそのような判断をしているかのように見せかける。「……がいうのは、ライト兄弟の飛行機は飛んでいる時間の方が滑走の時間より短いから自動車であるというようなものだ」

あるいは「それはちょうど、ブランディーが外傷の消毒のために醸造されたことを証明するのと同じような誤りをおかすことになる」という言い方は、相手の主張を、さもこの譬え程度の愚かな誤謬であるかのように見せかけようとしているのである。前章で、類似からの議論の中で、相手の主張を押し進めて不条理な結論に帰結させ、そこからその主張の誤りであることを論証する論法のあることを述べた。これはそのまま譬えによる議論にもあてはまる。(8) 相手の主張を譬えによって誇張し、戯画化して滑稽なものに変貌させ、笑いものにすることによって葬り去るのだ。

論敵を笑いものにすることは、論争において極めて有効な方法である。ロシアの論理学者フェドセーエフ（П. Н. Федосеев）がその仲間と共に執筆した『論争の技術について』（*Об искуссиве полемики*, 1980）という書物に、「笑い——論争の武器」（Смех—полемическое оружие）と題された一節がある。その中で、論敵（の主張）を嘲笑することが、マルキストの伝統的な論争方法であったことが指摘されている。エンゲルスに至っては、それを最上の論証であるとまで言い切っているのだ。「論敵を笑いものにすること——それはすなわち論争で相手を打ち負かすことであり、敵対するイデオロギーの権威を失墜させ、大衆の間でその評判を落とさせ、その有害な影響力を無化させることである。マルクスもエンゲルスもレーニンも、皆このやり方に従ってきた」(9)。そして、論敵を笑いものにする最も効果的な方法が譬えなのである。一つ例をあげよう(右の論述につなげるには、皮肉な例になってしまうが)。

……マスコミなどでよく見る「共産主義は終わらず論」をまず批判しておくことから始めましょうか。(中略)

第三に、共産主義は崩壊したけれど、アメリカや日本だって病んでいるではないか、という意見について。

アメリカや日本も病んでいるのは、この説を唱える人たちと全くちがう意味において事実なんですが、これは後で検討するとして、崩壊した共産主義を弁護するのにアメリカや日本が病んでいる話を出したってしょうがないじゃありませんか。しかも、その病み方は麻薬汚染とか受験戦争とかでしょう。倒産したA社を弁護するのに、そのライバルのB社だって受付嬢がブスだと言っているようなものですよ(笑)。見当ちがいの八つ当たりにすぎません。

(呉智英「アメリカ経由の共産主義」(10))

文中に出てくる「(笑)」という記述は象徴的である。では、聴衆はなぜ笑ったのであろうか。呉氏は、「共産主義は崩壊したけれど、アメリカや日本だって(麻薬汚染とか受験戦争とかで)病んでいるではないか」という意見を取りあげ、その判断の論理関係を誇張して、類似の論理関係をもつ「倒産したA社を弁護するのに、そのライバルのB社だって受付嬢がブスだと言っているようなもの」という滑稽な譬えを作りあげた。その譬えの、あまりの極端さ、馬鹿馬鹿しさが、聴衆を笑わせたのである。ここで注意すべきは、聴衆は譬えだけを笑ったのではないということだ。彼らは譬えを笑いながら、同時に譬えられた元の意見をも(無意識のうちに)笑い飛ばしてしまったのである。

譬えはしばしば笑いをもたらす。面白い譬えだからではない、譬えは面白いものだからである。逆に言えば、面白くない譬えは、まだ譬えとしての洗練度が足りないと言える。聴衆を面白がらせ、笑わせながら説得するのが譬えによる議論である。ローマの修辞学者キケロは、その著書『弁論家』(*Orator*, 46 B. C.)の中で、レトリックの機能として、probare(論証する)、delectare(楽しませる)、flectere(こちらの目指す方向に聞き手の心を向けさせる)、の三つをあげた。[11] 同じ著者の『ブルトゥス』(*Brutus*, 46 B. C.)では、この三分類は、docere、delectare、movere、と用語を変化させているが、[12] 意味はさほど異なるものではない。それから一五〇年後に出たクィンティリアヌスの『弁論家の教育』(*Institutio Oratoria*, ca. 94 A. D.)でも、この『ブルトゥス』の分類をそのまま受け継いでいる。[13] このように、古典期の理論では、論証すること、楽しませること、そしてそれによって聞き手の態度を変化させることをレトリックの機能としていた。とすれば、譬えによる議論は、これらレトリックの三機能をすべて備えていると言えるのではないか。先にも述べたように、極端な誇張を受けた結果、譬えはしばしば「馬鹿馬鹿しい」くらい自明の判断となる。これは聴衆から有無を言わせぬ容認を得るための手立てであるが、その「馬鹿馬鹿しさ」はそのまま「滑稽さ」につながる。そして、論証の手段である譬えは、同時に聴衆を楽しませるもの、エンタテイメント(もてなし)としての性質をも備えることになるのである。つまり、譬えによる議論は、論証することと楽しませることを同時に行うことによって聴衆を説得しようとする議論型式なのだ。その意味では、最もレトリックらしいレトリックであると言えよう。レトリックという言葉を聞いてすぐ「譬え」を連想する人が多いのも、決して故のないことではない。

3 価値の転移による効果

第1節で指摘したように、譬えによる議論における類似とは、関係の類似である。すなわち、「AがBであるのは、CがDであるようなものだ」という議論においては、類似は、AのBに対する関係とCのDに対する関係との間に設定されるのであって、AとC、BとDの間にではない。しかしながら、A：BとC：Dの間に類似が設定されると、関係を構成するAとC、BとDの諸項も、全体の類似関係からの影響を受け、互いに影響しあうという現象が起きる。最も普通には、「譬える側」にあるCとDの価値が、「譬えられる側」にあるAとBに転移してしまうのである。この現象を、具体例をもとに説明してみよう。

……イソップ物語のなかにこういう話がある。――ごましお頭の男が二人の愛人を持っていたが、一人の愛人は男より若く一人は年寄りだった。若い女は年寄りの恋人を持つことを嫌つて、通うごとに男の白髪をだんだん抜いて行き、年増の方は年下の男を持つていることを匿そうとして逆に男の黒い毛を抜きとつて行つた。それでとうとう男は禿頭になつてしまつた。——というのである。日本の「重臣」其他上層部の「自由主義者」たちは天皇及び彼ら自身に政治的責任が帰するのを恐れて、つとめて天皇の絶対主義的側面を抜きとり、反対に軍部や右翼勢力は天皇の権威を「擁し」て自己の恣意を貫こうとして、盛に神権説をふりまわした。こうして天皇は一方で絶対君主としてのカリスマを喪失するとともに、他方立権君主としての国民的親近性をも稀薄にして行つた。天皇制を禿頭にしたのはほかならぬその忠臣たちであつた。(丸山真男「軍国支配者の精神形態(14)」)

これは譬えによる議論というよりも、自らの分析をイメージ豊かに読者に伝えるために譬えを利用した例であるが、類似は関係間に設定されるという点においては変りのあるものではない。類似しているのは、ごましお頭の男が髪の毛を失うに至った過程と天皇が無力化していった過程なのであって、禿頭になった男と無力化した天皇がその過程を離れて似ている訳ではない。しかし、類似関係の中で、「譬える側」の諸項は、それに対応する「譬えられる側」の諸項に、自らの価値を転移させようとする。具体的には、「愛人」や「禿頭になった男」等の語の価値やイメージが、「忠臣たち」や「無力になった天皇」等に転移する。その結果として、この「譬え」は、丸山氏の分析を分かりやすく読者に伝えるだけでなく、天皇制を滑稽化し矮小化する効果をもつのである。

以上に述べた現象とその説明は、カイム・ペレルマンが詳しく論じており、[15] ペレルマンの理論として、彼の名前と共に引用されるのが普通である。[16] しかしながら、実際には、一〇〇年以上も前にハーバート・スペンサー（Herbert Spencer）が『文体の原理』（*The Philosophy of Style*, 1852）の中で指摘していることなのである。ペレルマンばかりが引用され、スペンサーは無視されている格好なので、ここに彼の文章をあげておく。

……この同じ原則も、さらにおし進めると、ある場合には、その思想だけでなく、全く異なった思想をも、間接に暗示することによって、もっと多くの利点が出てくることがある。すなわち、ある思想を表現する場合には、たとえば、もしも、

――優秀な古典家の頭は、下女の頭が幽霊の話でいっぱいになっているのと同じように、古代の神話で満たされている。

というなら、ここに述べられた事実のほかに、古典の知識などというものは、あまり価値がないものだという意見も、言外ににおわされていることが明らかである。(17)

この場合は意図的なものであるから、その効果はあらかじめ予想されているが、譬える言葉に無頓着だったために、予期せぬ効果を生み出してしまうということがある。かつてある参議院議員が、「精神病者は犯罪を犯しても責任能力がないと処罰されない。これでは毒蛇を公園に放つようなものだ」と発言して物議をかもしたことがあったが、これなどはその典型的な例であろう。

4　譬えの脆弱さと反論の方法

ここで、譬えによる議論に反論を加えようとする場合、どのような方法がありうるかということを考えてみたい。これには、当然ながら、相手の譬えが「不正確」であることを指摘する反論が最も一般的であるが、譬えによる議論には様々なヴァリエーションがあり、その「誤り方」もまた多様なので、それをいくつかの型に分類することは容易ではない。ここでは典型的な型を一つだけあげておく。

> 退学は刑法でいはば死刑の如きものである、死刑に処せられたものが再び蘇《よ》み返つて来る訳がない、それと同様退学させられたものが、復校を願つて来るとは思ひも寄らぬことである、故に余は断じて復校許可に反対である。[18]

この例は、荒木良造氏の『詭弁と其研究』からとったものであるが、この論者は、譬えによる議論における類似は関係の類似であるということが理解できていない。「死刑」の「他の刑罰」に対する関係と、「退学」の「他の（校内規則による）罰則」に対する関係とが（最高刑という点で）似ているのであって、その関係を離れて「死刑」と「退学」とが直接的に似ている訳ではない。したがって、死刑になった人間は生き返らないから退学になった人間も復校することはないという論法は全く的はずれである。

右の例は明らかに「不正確」な譬えであるが、一般に、何をもってある譬えを不正確と言うかは、なかなか難しい問題である。「譬えること」と「譬えられること」が等価でない以上、譬えはすべて不正確であると言うこともできるからだ。例えば、先にあげた会田雄次氏の議論である。会田氏は、「花のサンターマリア寺」は先がとがっているから「ゴシック様式」だと主張する建築家に対し、「それでは「ライト兄弟の飛行機」は飛んでいる時間の方が滑走の時間より短いからあれは「自動車」か」と一喝する。しかし、「花のサンターマリア寺」を「ゴシック様式」とする判断と「ライト兄弟の飛行機」を「自動車」とする判断とは等価ではない。「花のサンターマリア寺」と「(標準的)ゴシック様式」との懸隔に較べて、「ライト兄弟の飛行機」と「自動車」とのそれははるかに大きいからだ。譬えは一種の誇張法であり、関係を誇張する。が、その誇張の度があまりに過ぎた場合はどうなるのか。もはや、「……のようなものだ」とは言えなくなるのではないか。しかしそもそも「度があまりに過ぎ」ているかどうかは誰がどのように判断するのか。「度が過ぎ」なければ譬えは「正確」なのか。――これらの問いは譬えのもつ本質的弱点を突いている。譬えによる議論は、厳密な意味での「論証」というよりも、誇張という方法によって、自らの主張の正しさ、もっともらしさを読み手（聞き手）に印象づけるものである。そして、そのための誇張という方法は、そのままこの型の議論の弱点となる。誇張されている以上、「正確」ではありえないからだ。会田氏の議論においても、「……のようなものだ」を認めぬ読者もいるだろう。そういう人は、「私は、「ライト兄弟の飛行機」は「自動車」とは思いませんが、「花のサンターマリア寺」はやっぱり「ゴシック様式」だと思います」と大真面目に反論してくるかもしれない。相手が「設定」した類似に義理立てする必要など何もないのであるから。これはどのような譬えによる議論についても言えることだ。新しい例をあげてみよう。太宰治が、昭和二一年に井伏鱒二にあてた手紙の一節である。

亀井君の悪口を書いている雑誌二つ三つ見ました。しかしきっといまに亀井も応酬するでしょう。「新潮」十一月号に亀井が島木をいたむ文章を発表していましたが、いいものでした。飛躍といっては大袈裟だけど、マンネリズムではありませんでした。戦争中には日本に味方するのは日本人としては当り前で、馬鹿な親でも他人とつまらぬ喧嘩してさんざんに殴られているとやっぱり親に加勢した

――くなります。黙って見ているなんて、そんな人間とは、おつき合いごめん。(19)

この件は、友人の亀井勝一郎が「戦争協力文士」として糾弾されているのを弁護したものである。太宰自身は戦争中に軍部に迎合しなかった文士であるだけに、この意見には好感がもてるのであるが、やはり譬えであるからには、その本質的弱点から免れるものではない。「国民」と「国家」、「子」と「親」との関係は、類似しているかもしれないが、等価ではないからだ。だから、「子」が「親」に対してなすべき行動は、「国民」も「国家」に対してなすのが当然であるとは必ずしも言えない。「国と親では話が違うではないか」という相手の一言で吹き飛んでしまいかねないのである(もっとも、議論の流れとしては、こちらに有利に展開させることも可能である。「それでは、一体どこが違うのか」と問い返すことによって、相手に立証責任を負わせ、その説明にケチをつけていくことができるからだ)。

要するに、譬えによる議論は、一見鮮やかな印象を与えるが、相手に論理的に分析する余裕を与えたなら、意外に脆弱な姿を露呈してしまうということである。だからベェルランジェは次のように書いている。「(譬えによる議論は)その瞬間に説得してしまわなければならない。さもなければ、異議を唱えられ、退けられることになろうから[20]」。これはつまり、一気に勝負をつけてしまわなければ、簡単に反撃されてしまうということではないか。譬えによる議論にはこのような脆さがある。多くの研究者が、譬えのみによる議論の危うさを指摘しているのも当然であろう。その幾つかを列挙してみよう。「譬えを根拠として用いることは、それがどんなに優れていようとも、立証の手段としては脆弱なものであり、それに証明という名を授けるわけにはいかないということは、大方の認めるところであろう[21]」「譬えによる議論は、あらゆる議論型式の中で最も無力な議論である。なぜなら、この方法によっては、どのような結論も論理的に立証することはできないからだ[22]」「譬えによる議論は、往々にして鮮やかで印象的であり、その理由によって、しばしば説得的である。しかしながら、それはせいぜいが、ものごとを明瞭にし分かり易くする程度のものであることを忘れてはならない。他の種類の議論型式を補強するものとして用いれば、譬えは極めて効果的なものとなる。が、それ自身としては、何も論証はしないのだ[23]」「論争で比喩が有効なのは、比喩抜きの論理で勝負が大体ついた後である。比喩は、この場合、決着をいっそう明瞭な形で目立たせるための強めである。だめ押しである。あるいは、論理で勝った後の祝勝ラッパである。また、読者の理解を容易にするための補助である。比喩で勝とうと思ってはいけない。ラッパで勝つことは不可能なのである」[24]——やはり、この型の議論は、他の論証と併せて用いるのがよく、のみの議論になるのは避けるべきであろう。のみは簡単に押し潰されるからだ。

今まで、譬えによる議論について否定的なことを述べてきたが、働き所さえ得れば、それは極めて説得力のある、強力な議論となることは、われわれのよく知っているところである。フランク・ダンジェロ (Frank J. D'Angelo) は次のように述べている。「譬えは何も論証しないという意見は、もはや一つの常套句にすらなっている。しかし、それでも説得力は確かにあるのだ」[25]。特に、一通り論証をすませた後のだめ押しとしてもちだされた譬えは、警句と同様な、一種の殺し文句としての効果を発揮する。このように、さしあたり欠陥も見あたらない譬えによる議論に対しては、どのような反論が可能であろうか。最も有効なのは、こちらも譬えで応酬することである。足立幸男氏は書いている。「「比喩による議論」を論理的に反駁することはさほど困難ではなかろうが、その効果を減少させるにはたいして役に立たない。しばしばわれわれは、それとは別の、そして、それよりいっそう効果的、印象的な比喩をもち出すことによってしか、その効果を減少させることができない」[26]。ここで足立氏が述べていることは、口頭での議論によりあてはまる。相手が、鮮やかな殺し文句のような（しかもエンタテイメント性のある）譬えで攻撃してくるのに、それに対して「論理的」に応戦しようとすれば、相手よりもはるかに時間を必要とし、しばしば野暮で、間の抜けた印象を聴衆に与える。やはり、こちらも譬えで反撃するに如くはない。その際には、全く新しい譬えを持ち出すのではなく、相手の譬えの中にある表現を借用して切り返すやり方のほうがより効果的である。例えば、次の福田恆存氏のような論法である。

ところが、かういふ私の考へ方にたいして、国立国語研究所の永野賢氏は「文字の階級性を認める論」だと言ひ「漢字の金持ちでなくてもらくに生活してゆけるような社会を作りあげること」こそ「文字の民主化」の意味するものであると述べてをります。この「漢字の金持ち」以下はもう少し解説を要します。それは、漢字をたくさん知つてゐるからといつて、むやみに用ゐるのは「金持ちがあるに任せたぜいたくをするのと同じ社会悪だ」といふ金田一博士の比喩にたいして、私が漢字をたくさん知つてゐるからといつて、その習得に要した勉強の苦労を一般大衆に負はせまいとするのは、金持が貧乏人に向つて金ゆゑの苦しみを説いて聴かせる偽善にひとしいと、同じ比喩をもつて応じたからであります。もう少しこの比喩的表現を楽しませてもらへるならば、漢字をたくさん知つてゐて、それをひとり書斎で楽しんでゐるのは、下着や裏地に絹を用ゐ、上は木綿で出歩いたといふ天保改革時における金持の自慰や虚栄に似てゐると申しませうか。

（福田恆存『私の国語教室』(27)）

言うまでもないことであるが、この方法が成功するためには、相手よりも切れ味の鋭い巧みな譬えで切り返さなくてはならない。さもなければ、全くの逆効果となり、聞き手の失笑を買うだけのことになる。この方法のヴァリエーションであり、より効果的なやり方として、相手の譬えを拡張してそれを打ち破る論法がある。(28) 中島敦の「弟子」より例を引こう。孔子に学の必要を諄々と説かれた子路が反撃に出て返り討ちにあう場面である。

「しかし」と、それでも子路は尚逆襲する気力を失わない。南山の竹は揉《た》めずして自《おのずか》ら直く、斬ってこれを用うれば犀革の厚きをも通すと聞いている。して見れば、天性優れたる者にとって、何の学ぶ必要があろうか？

孔子にとって、こんな幼稚な譬喩を打破る程たやすい事はない。汝の云うその南山の竹に矢の羽をつけ鏃《やじり》を付けてこれを礪《みが》いたならば、啻《ただ》に犀革を通すのみではあるまいに、と孔子に言われた時、愛すべき単純な若者は返す言葉に窮した。

（中島敦「弟子」[29]）

この方法は、相手の譬えを攻撃するのではなく、それを拡張することによってもとの譬えそのものを無効にしてしまうやり方である。相手に自滅させたような格好になるだけに、議論の決着をつけるには最も有効であると言えよう。

［注］

（1）アリストテレス、今道友信訳、『詩学』（『アリストテレス全集』17、岩波書店、一九七二年）1457b.

（2）テキストは、小沢正夫校注・訳、『古今和歌集』（『日本古典文学全集』7、小学館、〈一九七一年〉一九九一年）

（3） cf. Richard Whately, *Elements of Rhetoric*（1828）, ed. Douglas Ehninger, Carbondale : Southern Illinois U. P.,（1963）1969, pp. 90f., 434. Perelman et Olbrechts-Tyteca, *Traité de l'argumentation*, p. 500. Douglas Ehninger, *Influence, Belief, and Argument*, pp. 68f.

（4） 松田智雄編、『世界の歴史7――近代への序曲』、中公文庫、（昭和五〇年）昭和五五年、九三ページ。

（5） 中公新書、昭和五四年、一三九―四〇ページ。

（6） 江川卓訳、新潮文庫、（昭和四六年）平成二年、上巻、一七七―七八ページ。

（7） Jean-Jacques Robrieux, *Éléments de rhétorique et d'argumentation*, Paris : Dunod, 1993, p. 151.

（8） cf. Eggs, *Grammaire du discours argumentatif*, p. 228.

（9） П. Н. Федосеев и др., *Об искуссмве полемики*, М : Политиздат, 1980, с. 188.

（10）『賢者の誘惑』、双葉社、一九九五年、一〇九―一一ページ。

（11） Cicero, *Orator*, trans. H. M. Hubbell, Loeb Classical Library, Cambridge, MA. : Harvard U. P.,（1939）1971, xx. 69.

（12） Cicero, *Brutus*, trans. G. L. Hendrickson, Loeb Classical Library, Cambridge, MA. : Harvard U. P.,（1939）1971, xlix. 185.

（13） Quintilianus, *Institutio Oratoria*, III, V, 2.

（14）『増補版　現代政治の思想と行動』、未來社、（一九六四年）一九七二年、一二八ページ。

(15) Perelman et Olbrechts-Tyteca, *Traité de l'argumentation*, pp. 508-12.

(16) 例えば、James S. Measell, "Development of the Concept of Analogy in Rhetorical Theory", in Jane Blankenship and Hermann G. Stelzner eds., *Rhetoric and Communication*, Urubana : Univ. of Illinois Press, 1976, pp. 40f.

(17) ハーバート・スペンサー、荒牧鉄雄訳、『文体の原理』、大学書林、(昭和四七年) 昭和五一年、一〇九ページ。なお、Richard E. Hughs and P. Albert Duhamel, *Rhetoric : Principle and Usage*, Englewood Cliffs, N. J. : Prentice-Hall, 1962, p. 267 にも同様の指摘がある。デュアメルらの本はペレルマンの原著より四年遅いが、その英訳よりも七年早い。

(18) 荒木良造、『詭弁と其研究』、四二八―二九ページ。

(19) 亀井勝一郎編、『愛と苦悩の手紙』、角川文庫、(昭和三七年) 昭和五一年、二五三ページ。

(20) Bellenger, *L'argumentation*, p. 42.

(21) George Cambell, *The Philosopy of Rhetoric* (1776), ed. Lloyd F. Bitzer, Carbondale : Southern Illinois U. P., (1963) 1969, pp. 53f.

(22) William Irmsher, *The Holt Guide to English : A Contemporary Handbook of Rhetoric and Literture*, New York : Holt, Rinehart and Winston, 1972, p. 72.

(23) Hairston, *A Contemporary Rhetoric*, p. 282.

(24) 宇佐美寛、『読み書きにおける論理的思考』、明治図書、一九八九年、一二一ページ。

(25) Frank J. D'Angelo, *Process and Thought in Composition*, Cambridge, MA.: Winthrop Publishers. (1977) 1980, p. 273.

(26) 足立幸男、『議論の論理』、一三六ページ。

(27) 『増補版 私の国語教室』、中公文庫、昭和五八年、二七六―七七ページ。

(28) cf. Perelman et Olbrechts-Tyteca, *Traité de l'argumentation*, p. 520. Perry Weddle, *Argument: A Guide to Critical Thinking*, p. 145.

(29) 『李陵・山月記』、(昭和四四年) 昭和六三年、新潮文庫、二九ページ。

第4章

比　較

1　a fortiori——より強い理由によって

2　勿論解釈とその応用

3　反論の可能性

——誰にとっての「より」なのか

1 a fortiori――より強い理由によって

ピョートル・クロポトキン（Пётр Алексеевич Кропоткин）が一九〇二年に著した『相互扶助』（*Mutual Aid*）という書物に、蟹の相互扶助について述べられた部分がある。なかなか感動的な文章なので、まずはこの引用から始めてみよう。

……西印度や北亜米利加の或る陸蟹は、海に旅し、そしてそこに卵を沈めておくために、大群を組織する。そしてかかる移住は何れも一致や協同や相互扶助を意味する。大きなモロッコ蟹（Limulus）については、私はその不器様な動物が必要の場合その仲間に与へうる相互援助の範囲に心を打たれた。（一八八二年ブライトン水族館において）。その一匹が水槽の一隅に仰向けに倒れ、そしてその鍋のやうな重い甲が自然の状態に復することを妨げ、そのうへその隅にあった鉄の閂が一層にその仕事を困難なものにした。その仲間たちが助けに来、そして私は一時間ばかりの間彼等が囚はれた仲間を助けるに如何に努力するかを見守つた。

彼等は二匹一緒にやつてきて、彼等の仲間を下から押し上げ、奮闘的な努力の後にそれを真直に立たせることができた。けれどもその時に鉄の門がその救助作業の完成を妨げたと見えて、蟹は再びばたりと仰向けに倒れた。種々試みた後に、救助者の一匹が水底に沈んでもう二匹の蟹を連れて来て、新たな力で、この憐れな仲間を同じやうに押したり揚げたりし始めた。われわれは二時間以上もその水族館にゐて帰りに再び一瞥したが、救助作業は依然続けられてゐた！[1]

クロポトキンがここで描写している、倒れた仲間を助けようと懸命な努力を繰り返している蟹の姿は、同胞への友愛をともすれば忘れがちなわれわれ現代人の胸を打つ。もっとも、それを語るクロポトキンの、感情移入が激しすぎるあまり、蟹の行動を擬人的に解釈しすぎているのではないかという不安は残るのであるが。この本が出版されてから十数年後、一人の疑い深い日本人がこれを読んで、同様のことを感じたらしい。彼は早速実験してみることを思いつく。その結果がどうであったか、ここに引用してみよう。ちなみにその日本人の名を南方熊楠という。

……人の心をもって畜生の心を測るの易《やす》からぬは、荘子と恵子が魚を観ての問答にも言える通りで、正しく判断し中《あ》つるはすこぶる難《かた》い。たとえば一九〇二年に出たクロポトキン公の『互助論《ミューチュアル・エード》』に、脚を失いて行きあたわぬ蟹を他の蟹が扶け伴れ去ったとあるを、那智山居中読んで一月経ぬうちに、自室の前の小流が春雨で水増し矢のごとく走る。流れのこなたの縁《ふち》に生えた山葵《わさび》の芽を一疋の姫蟹が摘み持ち、注意して流れの底を渡りかなたの岸へ上がり終わったところを、例の礫を飛ばして強く中《あ》てたので半死となり遁れえず。その時岩間より他の姫蟹一疋出で来たり、件《くだん》の負傷蟹を両手で挟み運び行く。この蟹走らず歩行遅緩なれば、予ク公の言の虚実を試《ため》すはこれに限ると思い、抜き足で近より見れば、負傷蟹と腹を対《むか》え近づけ、両手でその左右の脇を抱き、親切らしく擁《かか》え上げて、徐《そそ》ろ歩む友愛の様子にアッと感じ入り、人をもって蟹に及《し》かざるべけんやと、独り合点これを久しうせしうち、かの親切な蟹の歩みあまりに遅く、時々立留まりもするを訝《いぶか》り熟視すると、何のことだ、半死の蟹の傷口に自分の口を接《つ》けて、啖《くら》いながら巣へ運ぶのであった。これを見て、予は書物はむやみに信ぜられぬもの、活き物の観察はむつかしいことと了《さと》った次第である。

（南方熊楠「蛇に関する民俗と伝説」[2]）

すなわち、倒れた蟹のところに他の蟹が寄ってくるのは、南方の観察によれば、助けるためではなく共食いのためであった。――が、ここではクロポトキン（ク公）の間違いを指摘するのが目的ではない。クロポトキンが、『相互扶助』を書いたのは、「あらゆる動物生活の光景において相互扶助と相互支持とが」「生命の維持、各々の種の保存、並にその将来の進化にとつて最も重要な特質で[3]」あることを示すためである。だが、これは飽くまでも事実として指摘されるのであって、現代人に倫理的反省を迫るためのものではない。つまり、「動物でさえ弱い者がいれば皆で助けて生きるのである。まして万物の霊長である人間は……」というように、われわれに相互扶助の励行を促すために書かれたものではないということだ。そもそも、クロポトキンによれば、相互扶助とは進化の最重要要因であり、一種の本能であるから、強いて努めて実行するにはあたらないということになる。彼は例えば次のようにも書いている。「隣家の焼くるのを見た時に私をして一桶の水を汲みそしてその方に駈けつけしめるやうにするのは、私の隣人――その人をしばしば全然知らないところの――に対する愛ではない。私を動かすのは一層漠然としてはゐるが、一層広汎な私を動かすのは、人間的ソリダリテ及び社交性の感情または本能である」(4)。しかし、効果は時として意図と食い違う。クロポトキンが、いくら相互扶助は本能であると主張しても、われわれにとっては、それは極めて倫理的な、選択された一つの行為である。加えて、クロポトキンはこの書物を、例の蟹の話を含んだ「動物間の相互扶助」を皮切りに、「未開人間の相互扶助」、「野蛮人間の相互扶助」、「中世都市における相互扶助」と、「下等」なものから「進化」の絶頂であるわれわれ現代人に向けて、順々に論を展開している。だからこの書物を読み進めてきた者にとっては、先に述べたような、「動物や未開人でさえ、弱い者がいれば皆で助け合って生きようとするのだ、況やわれわれ現代人においてをや」という倫理的反省がごく自然に生じてしまうことになるのだ。その証拠に、南方でさえ最初は、「友愛の様子にアッと感じ入り、人をもって蟹に及かざるべけんや」と思ったではないか。もしそれを単なる本能と認識したなら、何ら感心するに値しないはずである。

クロポトキンの場合は意図しない効果であったが、同様の例で、最初からその効果をねらったものもある。九世紀の初頭に成立した、薬師寺の僧景戒《きょうかい》の『日本霊異記』

から例を拾ってみよう。その上巻に「亀の命を贖《あか》ひて放生《はうじやう》し、現報を得て亀に助けられし縁　第七」という話がある。内容はよくある亀の報恩譚で、弘済《ぐさい》という禅僧が、売られていた亀を買って海に放してやったところ、後に弘済が賊に襲われて海に落とされた時に、その亀が助けにやって来たというのである。そしてこの話は次のような言葉で結ばれる。「畜生すら猶《なほ》し恩を忘れずして恩を返報せり。何《いか》に況《いはむ》や、義人《ひと》にして恩を忘れむや(5)」。つまり、景戒がこの話を載せたのは、それが珍しい奇譚だったからではなく、人に報恩の心を説くための方便としてだったのである。人よりも「劣った」亀でさえ、恩を受ければそれを返そうとするのである、ましてや人が恩を忘れてよいものだろうか、というわけだ。似たような話は、中巻の「蟹《かに》と蝦《かへる》の命を贖《あか》ひて放《はう》生《じやう》し、現報に蟹に助けられし縁　第十二」にもあり、その末尾はやはり次のようになっている。「悟《さとりな》無き虫すら、猶《なほ》し恩を受くれば返《かへ》りて恩に報いるなりけり。豈《あに》人にして恩を忘るべけむや(6)」。

　この説得型式は、既にアリストテレスによって、論法の一つに数えられていた。

　また或る論点は、「より多い、より少ない」の比較に基づくものである。例えば、

「神々ですら一切を知らないのであれば、まして人間がすべてを知るなど、ほとんど不可能である」というのがそうである。なぜなら、これは、「何かが属している可能性のより多いものに、その何かが属していないようなら、その可能性のより少ないものに属していないのは明らかである」と言っているのと同じだから。また、「父親をさえ打つほどの者は、隣人を打つ」という議論は、「属していることのより少ないものが何かに属しているなら、属していることのより多いものはそれに属している」という考え方に基づいているのである。なぜなら、人々が父親を打つことは、隣人を打つことよりも起こる可能性が少ないからである。(7)
アリストテレスがここであげた例は簡単なものであるが、実際の議論では、それは例えば次のような形をとる。

南京の虐殺は、すでに「東京裁判」でさばかれた事件である。中国側は途方もない人数が殺されたと主張し、日本側はその事実はなかったと争ったかと思う。結局ほぼ十二万人を殺したときまったが、むろんこれは確かではない。勝った側がおしつけた数字だから、実際より多いと思っていい。ところが、それから二十余年たって、今度は日本人自身が問題をむしかえして、進んで人数をふやして、すくなくとも三十万人は殺したと言いだしたのである。勇んで人数をふやすとは前代未聞の事である。健全な国民なら、自国民に不利なことは言うまいし、言ってもその国の新聞雑誌はとりあげないはずなのに、争ってとりあげるのは、これが中国に対して世辞になるからである。

まだ中国が言わないうちに、その意を察して、さき回りして、たぶん気にいられるだろうと言うなら、それは世辞である。迎合である。中国人にとっては、殺された人数は多いほうがいい。敵愾心を鼓舞するには、被害者は多ければ多いほどいいから、自然に人数は十万より二十万、二十万より三十万とふえるのである。世間にはこういう屈折した迎合があるのである。ただし、これだけ屈折すると、読者は迎合だと気がつかない。額面通り読んで中国人にすまながる。夜も寝られぬという。

中国と沖縄とベトナムはつながっていて、夜も寝られぬ人は、沖縄を思っても、ベトナムを思っても同じく夜も寝られぬという。

どうして寝られないのだろう。隣人の苦痛を苦痛とするからだという。けれども彼らは父祖の、兄弟の苦痛を苦痛としない。親は子を育てるが、子は親を扶養しない。老いたら老人ホームへはいるがいい。老人ホームが少ないのは国のせいで、子のせいではない。ホームにはいる金は自分で用意しておけ。それがこれらの親のつとめである。用意の金は多いほどよく、余ったらそれは自分たちがもらう。もらう分が多ければ今度は兄弟で相続を争う。(以下略)

この両親や兄弟の死に泣かないものが、赤の他人の死に泣いてみせ、泣かないものをとがめるのを、私はこれまで忍んできた。この種の本が売れるのは、買えば自動的に良心と正義のかたまりになれるからで、私はたいがいのうそはがまんするが、このうそにはがまんできない。(山本夏彦「偽善は常に正義を装う(8)」)

アリストテレスは、「父親をさえ打つほどの者は、隣人を打つ」という例をあげたが、山本氏の議論は、簡単に言えば、「親兄弟にさえ愛情を感じない者が、隣人に愛情を感じるはずがない」ということである。山本氏はこの文章で、いわゆる「良心的な」人々の偽善を攻撃している。世の中には、顔も見たことのないような赤の他人の不幸に心を痛め、その苦痛を自らの苦しみと感じる博愛の精神に満ちた人達がいる。が、彼らは赤の他人の苦痛には敏感に反応し、それに関心のない者をとがめるが、自分の親兄弟の苦痛には不思議と鈍感である。「親は子を育てるが、子は親を扶養しない。老いたら老人ホームへはいるがいい。老人ホームが少ないのは国のせいで、子のせいではない。ホームにはいる金は自分で用意しておけ。それがこれからの親のつとめである」。このように、自分の親の老後の面倒さえ見ないような人間が、本気で赤の他人の苦痛に心を痛めたりするだろうか、どうせ偽善的なポーズに決まっている、と山本氏は言うのである。念のために言っておくと、ここで山本氏が批判しているのは一般的風潮であって、特定の個人ではない。だから、ある「良心的な」人間が、本当に自分の親の面倒を見ていないかどうかということはあまり関係がないのである。

先にあげた『日本霊異記』の文章も、この山本夏彦氏の文章も、その説得力は同一の原理によって担われている。アリストテレスはこれを、「「より多い、より少ない」の比較に基づく」（ἐκ τοῦ μᾶλλον καὶ ἧττον）と呼んだ。『霊異記』の、「畜生でさえ恩を受ければそれを返そうとするのであるから、ましてや人間は……」という理屈は、「より少ない」ものの行為をその根拠として、「より多い」ものに同様の行為を勧告したものであると考えられる。また、山本氏の、「親兄弟にさえ愛情を感じない者が、隣人に愛情を感じるはずがない」という判断は、「より多い」ものに対する態度から、「より少ない」ものに対する態度を推論したものであると言えよう。この原理は、レトリックの用語としては、a fortiori というラテン語で呼ばれるのが普通である。a fortiori とは、「より強い理由によって」くらいの意味だ。そして、この原理にもとづく議論を、レトリックでは「比較による議論」と呼ぶ。この種の議論について、マクシン・ヘアストン（Maxine Hairston）は次のように述べている。

a fortiori 議論のあるものは、われわれの、論理的に見えるものを判断する力に訴えかけることによって、その効果を得ている。これは例えば次のような議論の場合だ。「もし十八歳の少年が、彼の祖国のために戦うに十分な年齢であるなら、彼はビールを買うことが許されるに十分な年齢でもある」(9)。

が、この説明はおかしい。「祖国のために戦うこと」が、「ビールを買うことが許されること」よりも「十分な年齢」を必要とするということは、比較された二つのもののうち、どちらが「より」であるかという価値判断の問題であって、何ら「論理」の問題ではないからだ。語り手と聞き手が同じ価値判断を共有できるかどうかが、この議論が成功するための大前提である。これについては、ペレルマンも、次のように指摘している。

言うまでもないことだがこの議論の効果は、出発点となる優劣順位に対して合意がある場合に限られる。貴族の行動が高貴で、いなか者（つまり田園の住人）が下品だというのは、貴族主義的社会観の通用する社会でだけの話である。(10)

従って、もし語り手と聞き手との間で、どちらが「より」であるかの価値判断が食い違ったなら、その議論は説得力を失うか、あるいは奇異な逆説として受けとめられることになる。一例をあげよう。

私の個人的な体験でいうと、大会社の社長さんが「自分は消費税に賛成だし、自衛隊の派遣にも賛成なんだが、ワイフは消費税反対、戦争反対でワシのいうことをきかん。女にはかないませんわ」という。社会のリーダーと目される人がこのようにいうのを私は何度も聞かされました。私もとうとう面倒になって、そんな奥さんとはそろそろ離婚なさったらどうですかといってしまいました。

なぜ自分のワイフを説得する労を惜しむのか、いくら説得してもわかろうとしないワイフなら、そういうつまらぬ女となぜ一緒に暮らすのか、たった一回の人生を惜しいと思わないのか、と私は不思議に思う。戦争や税制のようなかんたんな問題をわからぬ女は、子どもの教育や結婚といった難しい問題をわかるわけがない。そんな馬鹿に家庭をまかせて心配ではないのか、とつくづく不思議です。

(西部邁・新野哲也『正気の保ち方――「繁栄の空虚」からいかに脱するか』)[11]

多分、西部氏は、「消費税」や「自衛隊派遣」の問題が、いかに単純で簡単な問題であるかということを強調するために、意図的にこのような逆説的な論じかたをしたのであろう。あるいは、「戦争や税制」よりも「子どもの教育や結婚」のほうがはるかに難しい問題であると本気で考えているのかもしれない。が、いずれにせよ、この西部氏の価値判断は、世間一般の価値判断とおそらくは対立する。「子どもの教育や結婚」が常識や通常の生活感覚だけである程度判断できるのに対して、「戦争や税制」を論じるためには、日常生活の中で自然に身につくのではない若干の知識を必要とするからだ。もちろん、実際には、どちらが「より」であるかの判定は容易には下せないかもしれないが、少なくとも「感じ」としては、「子どもの教育や結婚」よりも「戦争や税制」のほうが難しそうだというのが、世間一般の普通のとらえかたである。だから、たとえ西部氏の右の議論に説得力があるとしても、それは氏一流の逆説的表現のもたらした効果であり、a fortiori から生じたものではないということになる。

比較による議論が a fortiori にもとづいている以上、この論法を論じる修辞学者たちの関心は、当然ながら、比較された二つのものの優劣を決定する理由の考察に向けられることになった。例えば、キケロの『トピカ』（*Topica*, 44 B. C.）では、比較による議論を扱った部分のほとんどが、これにあてられている。キケロはまず、比較の観点を、numerus（数量）、species（特性）、vis（力）、quaedam ad res aliquas affectio（他のものに対する関係）の四つに分類する。[12] それぞれの観点において、二つのものの優劣の比較はどのようにしてなされるのか、キケロの分析を一つずつ見ていく余裕はないから、ここでは見本として numerus（数量）についての記述を引用してみよう。

より多い〝善〟は、より少ないものよりも好まれる。逆に、より少ない悪は、より多いものよりも。より長持ちする善は、より短いものより好まれる。より幅広いものにあてはまるものは、狭い範囲に限定されたものよりも好まれる。また、より多くの善がそこから生み出されるもの、より多くの人が模倣したり生み出したりするものも好まれる。(13)

キケロの分析は、この要領で、残りの三つについても続けられるのであるが、今引用した部分を見ただけでも、このやり方の不毛であることは明らかだ。要するにきりがないのである。二つのものの優劣を決定する理由はほとんど無限に存在するから、それを一つ一つ記述していけば、矛盾する理由がいくらでも出てくる。例えば、キケロは「より長持ちする善は、より短いものより好まれる」と書いているが、われわれの選択には、より短い命しかないからこそそれを好むということだってある。また、「より多くの人が模倣したり生み出したりするものも好まれる」に対しては、人と違うことであるからこそそちらを選択するということだってあろう。ではこれをまとめて書くとどうなるのか。「ある場合には、より長持ちする善は、より短いものよりも好まれる。別の場合には、より短い間しかもたない善は、より長持ちするものよりも好まれる」「ある場合には、より多くの人が模倣したり生み出したりするものが好まれる。別の場合には、他の人があまり模倣したり生み出したりしないものが好まれる」――これでは何も言っていないのと同じではないか。実を言うと、このキケロの分析は、アリストテレスが『トピカ』第三巻第一―五章で行った、また『弁論術』第一巻第七章で行った分析の拙い模倣である。[14] もっとも、アリストテレスの分析は、比較による議論に関連したものではなく、議論とは要するに複数のものからあるものを選択させることに他ならないということから、われわれの選択を左右する理由についての考察を試みたものだ。そのような、議論研究のための一般的基礎作業としてならば、この仕事にもそれなりの意味があるかもしれない。が、比較による議論という特定の論法を研究するためには、二つのものの優劣を決定する理由をいくら列挙されても何ら益するところはないのである。

この点については、キケロの後継者とも言うべきクィンティリアヌスのとった態度は賢明であった。クィンティリアヌスも、『弁論家の教育』の中で比較による議論をとりあげているが、議論の実例は豊富にあげているものの、キケロのような無益な分類作業には手を染めていない。彼は次のように書いている。「私は、この種の議論については、それを一つの「類」として扱うだけで満足し、それ以上に細かくは分けないことにする。……もしこれについて、精密な分類作業を継続しようとすれば、無限に下位分類を増やさなければならなくなるだろう。なぜなら、物事の比較のあり様は――より愉快である、より深刻である、より必要である、より立派である、より有益である――などのように無数に存在するからだ。だから、私が非難した例の「無益なお喋り」に陥らないために、これ以上は語らないことにする」[15]。普段のクィンティリアヌスは分類が大好きで、ロラン・バルト（Roland Bartes）から、「テスト氏が自分自身のために考えた墓碑銘 *Transiit classificando*（分類して過ぎ去りぬ）はクィンティリアヌスに捧げてもいいくらいだ」[16]とからかわれたほどの分類狂なので、この賢明な選択は特に評価したい。

2　勿論解釈とその応用

法律家が用いる推論の一つに、勿論解釈(argumentum a fortiori)と呼ばれている解釈方法がある。これは、a fortiori という言葉からも分かるように、法律の領域における比較による議論である。しかしながら、そこで理論化された推論型式は、法律学のみならずあらゆる議論領域に応用が可能であり、また論法としての価値も非常に高いものであるから、本節ではこの勿論解釈について少しふれてみたい。まず、勿論解釈とはいかなるものかを、カイム・ペレルマンに説明してもらうことにする。

勿論解釈が根拠とするのは、裁判所が現在審理している事件と先例となる事件との類似性ではなく、判決理由(ratio decidendi)、すなわち、前の事件を一定の仕方で解決するために援用された理由である。勿論解釈はまた、法律の精神を根拠とすることもある。勿論解釈は、特定の事態のもとでの、ある行動またはある規範を正当化するために援用された理由が、現在の事態のもとでは、一層強く妥当することを主張するものである。例えば、暴行によって他人を傷害した者を処罰したのであれば、なおのこと(a fortiori)、暴行により他人を死亡させたものは罰しなければならないと主張するのである。(17)

ここで示された考えを、実例によって確認していこう。引用は少し長くなるが、細部の描写も説得に関わっているので、なるべく省略しないようにしたい。

東京でも地方都市でも、繁華街の真ん中で車をエンコさせたら、運転手はひどい目にあうに違いない。

「なにしてる、ぼやぼやするな」

「交通妨害だぞ、どけ、どけ」

前後左右からどなられ、あげくの果てにおまわりさんがやってきて、免許証を見せろとか、何日何時に署まで出頭しろとか——。

機械の故障とか、ガソリンが切れたとか、一応、しかるべき理由があったにしても、注意が足りないとか、心がけが悪いとか、こづかれて、罰金刑ぐらい覚悟しなければならなくなるだろう。

悪意など毛頭なく、純然たる過失だったにしても、だいたいそんなものだ。迷惑といって、二、三人を二、三十秒待たせた程度で、そんなひどい目にあう。しかも当人は自分が悪かったと思うから、頭を下げ、腰をかがめてあやまり、あやまちを二度と繰り返すまいと心に誓う。それが当たり前。取り立てていうのがおかしいくらいの日常茶飯事である。だれでもそう思う。

ところが、東京の最も混雑の激しい町で、それもいちばん雑踏する夕刻をねらって、何百台のバス、電車、自動車をとめ、何千人、何万人の交通の自由を奪う連中がいる。しかもそれが天下御免というのだ。なにを目的にそれをしているのか、路傍の人間にはわからない。大学の記章のついた色とりどりの旗は持っているが、プラカードのたぐいは目につかないから、デモにしても目的は明確ではない。翌日の新聞を見ると「日韓会談反対」「憲法改悪反対」と説明している。列のうちにひとりマイクを持ったのがいて、髪をふり乱してさけんでいるが「われわれは、われわれの、われわれが、……」を繰り返すだけで、なにをいおうとしているのか、さっぱり他人にはわからない。

この全学連デモという行事は、このところ東京で、きわめてひんぱんに繰り返されている。霞ヶ関とか日比谷とか、官庁商社の退社どきである午後五時前後——他人にとってこれほど迷惑なことはない。それに巻き込まれたが最後、最小限度一時間は身動きができなくなるのだから、用事をかかえたものは、正直、泣きたくなる。広島行きの急行に乗れないと泣き出したおばあさんがいるし、子どもの病気で病院にかけつける途中という婦人もいた。（中略）

ところで、見ていると、二百人ぐらいの学生に、五百人ぐらいの武装警官が両側を護衛して歩いてゆく。ものものしい装甲車や貨物車、マイクをのせた広報車までがいっしょに進んでゆく。「学生諸君は、いま日比谷方面に向かって行進しています。沿道の皆さんは、もうしばらくお待ちください」

日比谷方面に向かって行進していることは、一目見ればわかることで、マイクを通じて教えられることはない。あと何十分ぐらいでわれわれに交通の自由が回復されるか、かんじんなその見通しとなると、ただ「いましばらく」だけである。なんのために、あんなアナウンスをする必要があるか、ぼくにはわからない。

デモ行進を憲法に保障された請願権の行使というが、他の方法、つまり他人の交通を妨害するふらち千万なやり方以外に、これを行使する方法はないものかどうか。一部の学生がそれを行使するため、何千何万もの一般人が身動きならず、用も足せないで、ひっ込んでいなければならないものかどうか。

エンストでちょっと立ち往生した車を見つけると、頭ごなしにどなりつける警官が、何百人もの集団妨害にはグーの音も出ず「学生諸君の良識に訴えて……」などと黙認する。その理由をぼくは聞きたい。何万人の良民の迷惑を考えて、当局は学生デモの時間と場所を、もっときびしく制限すべきである。

（池田潔『学生を思う』[18]）

この文章で、池田氏が主張しようとしていることは、最後の文章に述べられているとおり「当局は学生デモの時間と場所を、もっときびしく制限すべきである」ということだ。そしてその主張のためには、学生デモがいかに大勢の人に迷惑をかけているかを説明すればよい。むろん池田氏もそうしている。が、池田氏はそれだけではなく、比較という手段によって、文章にもう一つ別種の説得力を与えようとするのだ。「東京でも地方都市でも、繁華街の真ん中で車をエンコさせたら、運転手はひどい目にあうに違いない」。たとえ、それが不可抗力のことであり、またごく短時間のことであったとしても、警官は頭ごなしに怒鳴りつけ、罰金を取り立てる。とすれば、故意に「東京の最も混雑の激しい町で、それもいちばん雑踏する夕刻をねらって、何百台のバス、電車、自動車をとめ、何千人、何万人の交通の自由を奪う連中」は、よりいっそう厳しく罰せられるべきではないのか。つまり、もし、「交通を妨害した」という理由によって「エンコした車の運転手」を罰するのであれば、その理由がよりいっそう当てはまる「学生デモ」をもまた罰しなければならないということだ。これが勿論解釈である。ペレルマンの説明を繰り返してみよう。「勿論解釈は、特定の事態のもとでの、ある行動またはある規範を正当化するために援用された理由が、現在の事態のもとでは、一層強く妥当することを主張するものである」。

右の例文に見られた勿論解釈、比較による議論は、「より小さなものから、より大きなものに向かう」(a minori ad majus)型の a fortiori にもとづいている。この型の論法は、ジャン=ジャック・ロブリュー(Jean-Jacques Robrieux)が指摘しているように、[19]もっぱら「否定的な命令」(prescriptions negatives)、すなわち何かを制限したり、禁止したり、取り締まったりする理由として用いられる。「より小さな」悪を罰するのであれば、当然ながら「より大きな」悪をも罰しなければならない。が、もし「より大きな」悪を罰することができないときにはどうなるのか。そのときには、「より小さな」悪を罰することもやりにくくなるであろう。ここから、勿論解釈の、論法としての新たな使い方が生まれる。例えば、次の議論を見ていただきたい。

現代日本マンガ史に大きな業績を残した手塚治虫の初期重要作『ジャングル大帝』(講談社　手塚治虫全集)が差別作品だとして、また糾弾の槍玉に上がっている。「また」と言うのは、一九九〇年に槍玉に上がったが、一九九一年秋以来また槍玉に上がっている、ということだ。この問題についての識者のコメントが及び腰であるのを見るにつけ、民主主義と人権思想という絶対的正義の恐ろしさを痛感せずにはいられない。

『ジャングル大帝』を差別作品だとして糾弾する人たちの主張は、単純なまでに明快である。この作品に出てくるアフリカ黒人は、厚い唇で腰蓑を身にまとう類型的な未開人の姿に描かれており、それはとりもなおさず黒人に対する差別の現れである、というのだ。

(中略)私は、手塚治虫の『ジャングル大帝』を糾弾する人たちに尋ねたい。シェイクスピアの『ベニスの商人』には、金に汚く、狡猾で、底意地の悪いユダヤ人像が描かれている。これは、四百年近くも昔の戯曲ながら、今なお上演され、出版され続けている。もちろん、このユダヤ人像は類型化も類型化、マイナスの像としての類型化である。加えて、主観的には差別の意図がないどころか、主観的にも客観的にも明々白々にユダヤ人差別作品である。小悪よりもまず巨悪を。シェイクスピアこそ第一に糾弾されるべきではないのか。

（呉智英「恣意的な正義としての人権思想[20]」）

呉智英氏は、手塚治虫の『ジャングル大帝』を差別的作品だと糾弾する人達に対して、それならばより差別的作品であるシェイクスピアの『ベニスの商人』をなぜ糾弾しないのかと問い返す。「小悪よりもまず巨悪を」。これは勿論解釈であり、先程の池田氏の議論と型式的には同じものである。が、池田氏の場合、そこで主張されていること（「当局は学生デモの時間と場所を、もっときびしく制限すべきである」）がそのまま議論の目的であるのに対して、呉氏の場合は、主張（「シェイクスピアこそ第一に糾弾されるべきではないのか」）とは別に議論の目的が存在する。すなわち、呉氏の議論の目的は、手塚治虫の『ジャングル大帝』を弁護することにあるのであって、シェイクスピアの『ベニスの商人』を糾弾させることにあるのではない。そもそも、呉氏は、相手がそれをできないことが分かっているからこそ、シェイクスピアの糾弾を主張しているのだ。ハインツ・レンマーマン（Heinz Lemmermann）はその著書『闘論教程』（*Schule der Debatte*, 1991）の中で、比較による議論には、相手の攻撃を「相対化」し、「引き分け（Remis）」に持ち込む効果のあることを指摘している。「確かに、比較には、論証能力はほとんどない。しかしながら、人から何かを非難されたとき、他のものと比較することによって、自分の方をよりましな姿に見せ、しばしば相対化してしまうことができるのである」「相手からその行動を非難された人が、自分の方も、それに比較しうるような相手側の行動のあら捜しをするなどして、論争を「引き分け」に持ち込もうとすることがよくある[21]」。呉氏の論法も、ここで説明されたものと、本質的に同じものだ。最初から、引き分けねらいの議論なのである。彼は、手塚治虫の『ジャングル大帝』が、差別的作品として糾弾されているのを救おうとする。が、そのために、それが差別的作品ではないということを論証しようとしたりはしない。彼がねらったのは、相手に、『ジャングル大帝』を差別的作品として糾弾できなくさせることなのだ。そこで持ち出してきたのが、シェイクスピアの『ベニスの商人』である。手塚治虫の『ジャングル大帝』を差別的作品だとして糾弾するならば、より差別的作品であるシェイクスピアの『ベニスの商人』をもまた糾弾しなければならるまい、そしてもし、それができない、あるいはやる気がないと言うならば、『ジャングル大帝』を糾弾するのはおかしいではないか――このように、呉氏の議論は、相手の主張の内容ではなく、それを主張するという行為の首尾一貫性を問題にすることによって、その主張の説得力を喪失させようとしているのである。

呉氏はこの論法が得意なようだ。右の文章が載せられた著書に、他にも同じ論法を使って相手を問い詰めた議論がいくつかある。論法としては面白いものであるから、見本としてもう一つ引用しておく。

……三年ばかり前、ある洋酒会社の広告が強姦を思わせるとして、同様の批判が起きた。反論らしい反論もなく、広告は中止になったが、私は次のようなコメントを出した。

洋酒会社の広告に強姦を思わせるシーンがあるからケシカラン、という批判はあってよい。しかし、洋酒会社が強姦魔を広告に使うことは今に始まったことではない。

スコッチ・ウイスキーの老舗中の老舗にオールド・パーがある。社名の由来として同社の広告でも大きく紹介されているのがオールド・パーことトーマス・パーである。一四八三年に生まれ、百五十二歳という驚異的長寿を全うして一六三五年に没した。しかも、老いてなお身体強健精力絶倫で、百歳を超えて結婚し、子まで生《な》した。国王は彼に爵位を与え、没後はウェストミンスター寺院に葬られた。

めでたずくめのようだが、本当にそうか。パーには、同社の広告では意図的にだろうが、伏せられている罪歴がある。パーは、なんと百二歳の時に強姦罪で逮捕され、十八年間を監獄で暮らしたのだ。結婚したのは、こんな高齢で強姦をした精力絶倫を国王が祝福し、恩赦で釈放されてからである。強姦を祝福する王も王だが、それはさておく。今問題にしたいのは、希代の強姦魔を広告に使う洋酒会社の差別的姿勢がなぜ許されているかだ。

日本の洋酒会社の広告は強姦を思わせただけで糾弾され、イギリスの洋酒会社は広告にも社名にも疑う余地のない強姦魔を堂々と使っていても許される。こんなデタラメを、フェミニズムの運動家たちよ、君たちは見逃していて恥ずかしくないのか。知らなかったと言うのなら、その無知は咎めまい。だが、今知ったはずだ。知った以上、この明々白々の女性差別を、まさか君たちは許しはしまいな。日本の洋酒会社の広告を撤去させたように、強姦魔オールド・パーの広告も商標も社名もこの世から抹殺するまで闘うべきだ。日英戦争になったっていいではないか。支那を植民地化しようとする英国の阿片を焼き払った林則徐に倣って、女を性の植民地にしようとするオールド・パーのウイスキーをただちに焼き払うべし。

（呉智英「強姦魔を洋酒の広告に使うな」[22]）

この議論もまた、相手が追及できない、あるいは少なくとも追及しにくい「巨悪」の存在を指摘することによって、「小悪」を追及するその矛先を鈍らせようとしたものだ。ただし、わかり切ったこととは思うが、ひとつ念を押しておく。呉氏は、「強姦魔オールド・パーの広告も商標も社名もこの世から抹殺するまで闘うべきだ」とせきたてているが、これは相手がそのように行動できないからこそ意味のある議論なのであって、「巨悪」の存在に目覚めた「フェミニズムの運動家たち」が本当にそういう行動に出たらこの議論は根底から崩れる。これは先の文章においても同様だ。差別撤廃論者が、呉氏の勧めに従って『ベニスの商人』の日本での上演禁止（出版禁止）を求めだしたら、論法の前提がくるって議論全体が瓦解するのである。もっとも、「オールド・パー」や「シェイクスピア」のような「巨悪」を追及することはなかなか難しかろう。特に「シェイクスピア」の場合など、それを差別的だといって糾弾すれば、抵抗も多いであろうし、下手をするとこちらが笑い者になりかねない。呉氏は、それを十分に計算したうえで、こんな「大物」を持ち出してきたのだ。だから、この論法が成功するためには、比較として引いてくる「巨悪」は、相手がまず手の出せないような強力な存在である必要がある。

3　反論の可能性——誰にとっての「より」なのか

すでに述べたように、比較による議論は、a fortiori（より強い理由によって）という原理にもとづいている。だから、この種の議論に反論しようとすれば、問題となっている二つの事例間の「より」を否定するのがもっともオーソドックスな方法であろう。が、時には、何ら「より」を考慮しなくても反論可能な場合もある。なぜなら、比較による議論は、一種の類似からの議論であると考えられるからだ。実際、大抵の修辞学者が、この両者を同類のものとして扱ってきた。[23] 類似からの議論について簡単におさらいしておこう。類似からの議論は、「同じ本質的範疇に属するものは同じ待遇を受けるべきである」という正義原則によってその説得力を与えられている。つまり、もしAという事例に対してSという扱いをしたならば、Aと「同じ本質的範疇に属する」（本質的諸点において類似している）事例BについてもSという扱いをしなければならないということだ。比較による議論は、これに加えて、AとBという事例の間に程度の差がある場合と考えることができる。すなわち、Aに対してSという扱いをした理由を、Bが「より」強くもっている場合だ。従って、もしAに対してSという扱いをしたなら、当然Bに対してもSという扱いを（より強い理由によって）すべきであるということになる。このように考えると、比較による議論に反論するには、二つの事例間の「より」を否定するだけでなく、その「類似」を否定する方法も可能であるということがわかる。例えば、第2節で引用した池田潔氏の議論を思い出していただきたい。その要点は、もし、「交通を妨害した」という理由によって「エンコした車の運転手」を罰するのであれば、その理由がよりいっそう当てはまる「学生デモ」

をもまた罰しなければならないということであった。が、これには反発する人もいるだろう。「より」に対してではない、車のエンコとデモ行進が同じ範疇で括られたことに対してである。彼らは、交通の妨害になるという観点だけで、車のエンコとデモ行進が同列に扱われることを否定し、その両者の本質的な違いを、様々な理由をあげて説明しようとするであろう。——つまり、比較による議論は、何ら a fortiori に関わることなく、類似からの議論に対するのとまったく同じ要領で反論することができるということだ。

しかし、ここでは、比較による議論に特有な反論方法に絞って考えてみよう。先に、「この種の議論に反論しようとすれば、問題となっている二つの事例間の「より」を否定するのがもっともオーソドックスな方法であろう」と書いた。しかしながら、わざわざこの論法を用いるほどの論者であれば、そんなに簡単に「より」が否定されるような論の組み立てをするはずがない。何と言っても、a fortiori（より強い理由によって）ということがこの論法の命なのであるから。もし、つけこむすきがあるとすれば、論者が自らの価値観によって勝手に「より」だと思い込んでいる場合である。まず、ジュリアン・バンダ（Julien Benda）が『知識人の裏切り』（*La trahison des clercs*,

1927）で紹介している次のエピソードを読んでいただきたい。

トルストイはこう語っている。将校だった時、行軍中、同僚の一人が列から離れた男を殴るのを見て、彼は言った。「君は同胞の一人をそんな目に合わして恥ずかしくはないのか？ では君は福音書を読んだことがないのか？」これに対し、相手は、「では君は軍務規律を読んだことがないのか？」と答えた。

この答えは、精神的なものが世俗的なものを制しようとすると、つねに受けるものである。それはきわめて賢明なものと思う。人間を事物の征服へ導く人々は、正義や慈悲心を必要としないのだ。(24)

トルストイにしてみれば、相手のこのような返答の型式そのものが衝撃的であっただろう。彼にとって、新約聖書冒頭の四巻は、疑いもなく至高の価値をもつものであった。が、相手は平然と、それに匹敵する、あるいは優先する価値の存在を口にしたのである。

「精神的なもの」と「世俗的なもの」の対立というほど大袈裟ではないが、以下にあげる文章も、筆者が自らの価値観を信じて疑っていないために、議論が空回りしてしまった例である。

現代はあまりにも書物が多すぎる。何を読んだらよいか迷いに迷う。大型書店では老若男女が右往左往して困惑の表情である。適当な手引書も見当らない。嘗て田中菊雄は半生の体験を傾け熱誠をこめて『現代読書法』(昭和十六年)を著したが、今はこれほど訴求効果のある案内書を書き得る人がいないようである。それにまた当今の日本人は史上空前に自尊心が強くなっているから、誰かの指導に俟つという姿勢に乏しい。自分で探して自分で選《よ》るしかないであろう。現代人は体当りを好むのかもしれない。それなら話は簡単である。思いきって身銭をきることだ。日本経済の現状を知るためにはどの一冊を読んだらよいか。そんな吝嗇《けち》くさい厳選趣味を捨てて、その主題に関係があるらしい本を一冊残らず全部買ってタクシーで帰ったらよい。恐らく十万円もあれば大丈夫だろう。それを高価《たか》いと思う根性が間違っている。

自動車が運転できるようになりたいと願う人は数限りない。独習は不可能だから必ず自動車教習所へ行く。その授業料として払う二十万円を誰が惜しいと思うか。それなら読書という明らかに一生を左右する重大な技術の獲得に、同じく二十万円を払っても不服はない筈だ。経済の本十万円、歴史の本十万円、それで道筋がつけば実に安価《やす》いものではないか。店頭でいくら心眼を凝らして睨んでも本の値打ちは判らない。ある人が友としてふさわしいかどうか、まずは一杯やって語りあってみるのと同じ呼吸である。まず、買え。これが入門に不可欠の手続きである。　（谷沢永一「購書[25]」）

この文章を読んでまず疑問に感じるのは、谷沢氏は一体どういう読者を想定してこの文章を書いたのかということだ。谷沢氏の価値序列では、当然「自動車の運転技術」よりも、「読書という明らかに一生を左右する重大な技術」の方が上位にある。多分、同じ価値観をもつ読者は沢山いるであろう。が、そういう人は、本に身銭を切ることをあまり惜しいとは思わないのが普通である。だから彼らには、そもそもこの議論は不必要だということになる。逆に、本を「高価《たか》い」と感じて、買おうか買うまいかと躊躇するような人は、車の運転技術を習う金は惜しくないが、本を買う金は惜しいと思うかもしれない。車は生活の必需品であるが、本は読まなくてもとりあえず生きるのには困らないからだ。そういう読者には、この議論はあまり効果がないであろう。要するに、この議論は、形式的な先決問題要求の虚偽に陥っている。この論法によって説得されるような読者は、この論法で説得する必要がない。逆に、この論法で説得する必要のある読者は、この論法では説得されないのである。谷沢氏のミスは、本を買うことの重要さを説得するのに、本を買うことの重要さが十分には判っていない読者の価値観とは違う価値観を前提にして議論を組み立てたところにある。それというのも、谷沢氏が読書の価値を信じきっていて、読書は運転の技術などよりも重要であるという「一つの」価値観を自明のものとしてしまったからだ。

次にあげるのは、個人の価値観ではなく、その嗜好によって「より」が食い違ってしまった例である。

もう一度念を押しておくが、嫌煙権を主張する人達、それに悪乗りしてお愛想を言ふ人達は、喫煙者の与へる迷惑と酒飲みの与へる迷惑とどちらが大であるかを考へた事があるのか。酒の飲めぬ人に酒を強制する人は多いが、煙草の喫めぬ人に煙草を強制する人は殆どゐないであらう。酒を飲み過ぎて電車の中や路上にへどを吐いたり、器物を破壊したり、婦女子に襲ひ掛かつたりするのは愛嬌があり、煙草の煙で目が痛んだり、咽んだりするのは忍び難い、人々は本気でさう思ひ込み、嫌酒権よりは先づは嫌煙権をと考へたのか。それとも「酒は百薬の長」といふ諺に恐れを成して言論の自由を行使し得なかつたのか。へどや器物破壊や暴行は過度の飲酒のせゐで、節度さへ守つてゐれば、「酒は百薬の長」であり、煙草は節度を守つてゐても「百害あって一利無し」と果して言へるか。また過度の飲酒は健康に害を与へないのか。諄《くど》い様だが、どちらの方が日常他人に迷惑を掛ける機会が多いか、本気になつて考へて貰ひたい。(福田恆存「人権と人格[26]」)

福田氏は、罐ピースが大好きで、酒は一滴も飲めぬという方である。そういう人にとっては、確かに煙草よりも酒から受けた迷惑の方が大きいであろう。福田氏が、職業柄付き合わざるを得なかった文士には、いかにも酒癖の悪いのが沢山いそうである。また、罐ピースよりも強い煙草はないから、それを吸う人にとっては、他人の煙草の煙などなんでもあるまい。が、これは飽くまでも煙草は吸うが酒は飲まぬという人の論理である。福田氏は、「どちらの方が日常他人に迷惑を掛ける機会が多いか、本気になつて考へて貰ひたい」と言っているが、私の学生（ほとんどが女性で、酒も煙草もやらない）が「本気になつて考へ」た結果は、酒よりも煙草のほうが迷惑だという意見が圧倒的であった。彼女たちがそのように判断した理由は理解できる。酒を飲む時間と場所は日常生活の中ではかなり限定されているのに対して、煙草は多くの場合、時・所を選ばずに吸うことができるからだ。つまり、一回ごとの迷惑は酒の方が大きいかもしれないが、「迷惑を掛ける機会」は煙草の方が圧倒的に多いのである。福田氏は、「酒を飲み過ぎて電車の中や路上にへどを吐いたり、器物を破壊したり、婦女子に襲ひ掛かつたりするのは愛嬌があり、煙草の煙で目が痛んだり、咽んだりするのは忍び難い、人々は本気でさう思ひ込み、嫌酒権よりは先づは嫌煙権をと考へたのか」と書いている。しかし、普通の女子学生にとって、「電車の中や路上にへどを吐いたり、器物を破壊したり、婦女子に襲ひ掛かつたり」などということを、直接の迷惑として経験することはあまりないのに対して、「煙草の煙で目が痛んだり、咽んだりする」のは日常のことである。だから、福田氏は、煙草よりも酒の方が迷惑を掛ける機会が多いと確信しているかもしれないが、そうは思わない読者は沢山いるし、おそらくそちらの方が多いであろう。したがって、嫌煙権を批判するのに、酒の迷惑を比較として持ち出してきたのは、議論としては上策ではなかったということになる。これは福田恆存らしくないミスだが、こうなってしまったのも、自らの嗜好を基準にしてものごとを判断したからだ。下戸で愛煙家の福田氏の目には、酒飲みの醜態はくっきりととらえられても、紫煙にむせ、目をしばたたかせる人の姿は見えなかったらしい。これが希代の論争家の議論を、かくまでも説得力のないものにしてしまったのである。

[注]

(1) クロポトキン、室伏高信訳、『相互扶助』(『世界大思想全集』三四、春秋社、昭和三年)、一二三ページ。

(2) 飯倉照平校訂、『十二支考 1』、平凡社東洋文庫、(昭和四七年)昭和四八年、三〇八—〇九ページ。

(3) クロポトキン、『相互扶助』、八ページ。

(4) クロポトキン、『相互扶助』、一一ページ。

(5) 中田祝夫全訳注、『日本霊異記 上』、講談社学術文庫、(昭和五三年)昭和六一年、八五ページ。

(6)『日本霊異記　中』、(昭和五四年)昭和六三年、一一四—一一五ページ。

(7)アリストテレス、戸塚訳、『弁論術』、1397b.

(8)『二流の愉しみ』、講談社文庫、昭和五九年、一六九—一七〇ページ。

(9)Hairston, *A Contemporary Rhetoric*, p. 285.

(10)ペレルマン、『説得の論理学』、一五四ページ。

(11)光文社、一九九二年、一六四ページ。

(12)Cicero, *Topica*, trans. H. M. Hubbell, Loeb Classical Library, London : William Heineman Ltd. (1949) 1968, XVIII. 68.

(13)Cicero, *Topica*, XVIII. 69.

(14)Aristoteles, *Topica*, 116a-119a,『弁論術』、1363b-1365b.

(15)Qnintilianus, *Instituio Oratoria*, V. X. 90-92.

(16)ロラン・バルト、沢崎浩平訳、『旧修辞学』、みすず書房、一九七九年、三一ページ。

(17)ペレルマン、『法律家の論理』、二〇—二一ページ。

(18)講談社現代新書、(昭和四一年)昭和五二年、四九—五二ページ。

(19)Robrieux, *Éléments de rhétorique et d'argumentation*, p. 146.

(20)『サルの正義』、双葉社、一九九三年、六〇—六二ページ。

(21)Heinz Lemmermann, *Schule der Debatte*, München : mvg-Verlag, 1991, s. 60f.

(22)『サルの正義』、七一―七二ページ。

(23) cf. Lausberg, *Handbuch der Literarichen Rhetorik*, s. 218f.

(24) ジュリアン・バンダ、宇京頼三訳、『知識人の裏切り』、未來社、一九九〇年、一一一ページ。

(25)『人間通』、新潮社、(一九九五年)一九九六年、一〇一―〇二ページ。

(26)『福田恆存全集』、第七巻、一八八ページ。

第5章

因果関係

1　これは「論法」か？

今までの章では、数多くの先行研究に助けられて論を進めてきた。が、本章で「因果関係による議論」を論じるにあたっては、逆にそれらのほとんどを敵にまわさなくてはならない。なぜなら、因果関係による議論を扱った先行研究（特に英米系のもの）の多くが、私から見れば論法の研究としては全く無意味かつ無価値で、むしろ有害であるとさえ思えるからだ。では、何ゆえにそのように判断したのか。本章では、まずその説明から入りたい。そうすることによって、私が因果関係による議論とみなすものの、論法としての性格が明らかになるであろうからである。前章でもとりあげたジャン＝ジャック・ロブリユーは、『レトリックと議論法の原理』（*Éléments de rhétorique et d'argumentation*, 1993）と題された著書の中で、因果関係による議論を論じた章を次のように書き出している。

因果関係は、確かに、最も複雑な、そして日常議論の中では最も拙劣な使われ方

をされている哲学概念である。(1)

ロブリューと同様のことを感じた修辞学者は多いのだろう。彼らは、因果関係による議論を論じるためには、まず因果関係という複雑な概念の解明とそれによる推論の検証が必要であると考えた。が、彼らはその作業の中で、この概念の複雑さに幻惑され、その分析にのめり込んで、主客を転倒させてしまったのである。だから、因果関係による議論を扱った修辞学書のほとんどがもっぱら因果関係についてのみ論じ、それ「による」議論については何も語っていないという不思議な現象が生じることになる。もっともこれは決して現代的な現象ではなく、古典期からすでにそうだった。例えばキケロの『トピカ』でも、因果関係による議論にあてた第五八節から第六四節では、「原因」(causa) と従来呼ばれてきた概念の下位分類とその考察に耽っているだけで、(2)肝心の論法としての用いられ方については何も教えてはくれない。現代の修辞学書でも、例えばペリー・ウェドル (Perry Weddle) の『議論――批判的思考入門』(*Argument: A Guide to Critical Thinking*, 1978) や、ファーネストックとシーコール (Jeanne Fahnestock and Marie Secor) の『議論のレトリック』(*A Rhetoric of Argument*,

1982）など、論法研究という「実学」の立場から見れば、不必要に衒学的な因果概念の分析とその下位分類に力を注いでいる。[3] だが、衒学的ということであれば、おそらくヒューズとデュアメル（Richard E. Hughes and P. Albert Duhamel）の『レトリック――原理と用法』（*Rhetoric: principle and Usage*, 1962）の右に出るものはないだろう。このテクストブックは、内容的には大したものではないが、少なくともアメリカの国語教師に古典修辞学の有益さを知らしめたという点で、歴史的功績をもつものである。[4] ヒューズとデュアメルはこの中で、原因を四種類に分類しているが、[5] 呆れたことにそれはアリストテレスが『自然学』（*Physikē Akroāsis*）第二巻で試みた「原因」の四分類と同じものなのだ。では、なぜそれが「呆れたこと」なのか、その説明にはアリストテレスの四分類を実際に見ていただくだけで足りる。

さて、一つの意味では、㈠ある事物に内在していて、その事物がそれから成るところのそのもの、それが原因といわれる（素材因）。たとえば、青銅が銅像の、銀が銀杯の原因であり、また、青銅や銀がそれの種であるような類（金属）も、そういう意味での原因である。

しかし他の意味では、㈡事物の形相《エイドス》ないし範型《パラデイグマ》が、すなわち、その事物が何であるか《ト・ティ・エーン・エイナイ》（本質）を述べた定義《ロゴス》が、その事物の原因であるといわれる（形相因）。そしてこの定義の類——たとえば、一オクターヴの定義は、一に対する二であり、その類は一般的には数であるが——そのような類も、またその定義にふくまれる部分（種差）も、そういう意味での原因である。

さらにまた、㈢事物の運動変化、あるいは静止が、最初にそこから始まるところのもの、それも原因といわれる（始動因）。たとえば、ある行為を勧告した人は、その行為に責任のある者（原因となった人）であり、また父親は産まれてくる子供の原因である。そして一般に、作るものは作られるものの、変化させるものは変化させられるものの原因である。

なおまた、㈣ものごとの終り《テロス》、すなわち目的《フー・ヘネカ》としての原因がある（目的因）。たとえば、散歩することの原因は健康である。というのは、「なぜ彼は散歩するのか」という問いに対しては、「健康になるために」とわれわれは答えるからであり、そしてそう答えることによって、彼が散歩することの原因をわれわれは充分に答えたと思っているからである。そしてそのことは、あるものによって運動変化が起されたとき、その運動変化が終り（目的）に達するまでの中間過程で起るすべてのことについても、同じように言えるのである。［すなわち、その運動変化の終り（目的）が、それら中間過程で起るすべてのことの原因なのである。］たとえば、痩《や》せさせることや洗滌すること、あるいは薬剤や医療器具は、［医者が治療を始めてから］健康という終局（目的）に達するまでの中間過程で起ることであり、あるいは中間過程にあるものであるが、これらすべては、健康というその終局（目的）のためにあるからである。ただし、前の二つは行為であり、後の二つは道具であるという点で、それらのあり方は互いに異なってはいるけれども。[6]

この長くて分かりにくい引用をお読みくださった方にはすでに明らかであろう。アリストテレスがここで「原因」（*τὸ αἴτιον*）と呼んでいるものは、われわれが問題にしている原因とは全く別の概念である。それは自然物が生成し、存在するための条件のことであって、「始動因」が多少重なるものの、本章のテーマである因果関係による議論とは、ほとんど無関係であると言ってよい。こんなものを麗々しくレトリックの教科書に載せ、あたかも因果関係による議論を習得するための基礎知識のように見せかけたりするのは、何も知らない初学者に対する恫喝以外の何物でもない。先に、「有害」と評した所以である。

このような衒学趣味は原因の分類に限らない。因果関係による議論を扱った先行研究のほとんどが、因果推理の妥当性を検証する方法をとりあげている。もちろん、因果関係による議論に反論するには、その因果性を否定するのが最もオーソドックスな方法であるから、そのこと自体は悪いことではない。問題なのは、そこにあげられている検証方法の多くが、日常議論という領域においては、不必要に「厳密」かつ「科学的」すぎて、実際の役に立たないということである。例えば、スティーヴン・トゥールミンその他（Stephen Toulmin et al.）による『推論入門』（*An Introduction to Reasoning*, 1978）では、J・S・ミル（John Stuart Mill）の『論理学体系』（*System of Logic*, 1843）から、「ミルの方法」として有名な「実験的研究の方法」を引用して解説している。(7) それがどのようなものか、ミルがそれぞれの方法についてあげている「準則」を取り出してみよう。

（1）一致法——研究しようとする現象を含んだ二つ以上の事例が、ただ一つの事情だけを共通にしているとき、すべての事例がそれにおいてのみ一致する事情は、与えられた現象の原因（または結果）である。

（2）差異法——研究しようとする現象の生起している事例と、その現象の生起していない事例とが、前者においてのみ生起している一つの事情を除いて、すべての事情を共通にしているならば、それにおいてのみ両事例が異なる事情は、その現象の結果であるか、原因であるか、または原因の欠くことのできない部分である。

（3）一致差異併用法——問題の現象が生起している二つ以上の事例が、ただ一つの事情のみを共通にしており、他方、その現象が生起していない二つ以上の事例が、その事情の不存在であることを除いて、何ものをも共通にしていないとき、この二組の事例がそれにおいてのみ異なる事情は、その現象の結果であるか、原因であるか、または原因の欠くことのできない部分である。

（4）剰余法——ある現象から、以前の帰納法によって、しかじかの前件の結果としてすでに知られている部分を控除せよ。そのときは現象の剰余部分は、残余の前件の結果である。

(5) 共変法——ある他の現象がある特殊な仕方で変化する度毎に、何らかの仕方で変化する現象は、その他の現象の原因であるか、結果であるか、または因果関係のある事実によって、これと連結している。(8)

こうして並べてみると、この方法の不毛であることは明らかだ。ミルの方法それ自体が不毛だと言うのではない、これを日常議論の領域に適用しようとすることが不毛なのである。ミルの方法は、「実験的研究の方法」と命名されているように、条件が厳密に制御できる自然科学的実験においては有効かもしれないが、様々な条件が錯綜し、確実な前提をもてない日常議論(非専門的議論)の検証には、ほとんど役に立たない。例えば、AとBという二人の人間の間には、「共通点」も「差異点」も無数にあり、「すべての事例がそれにおいてのみ一致する事情」や「それにおいてのみ両事例が異なる事情」などとうてい見いだすことはできない。日常議論は蓋然的な前提から出発して、蓋然的な結論のみを得る。大雑把であることがその本質であり、宿命なのだ。だから、このような知識は日常議論の領域ではまず無価値なのであり、これをわざわざ「入門書」で与えようとするのは、初学者に対する単なる虚仮威《こけおど》しと言わざるを得ないのである。

因果関係による議論を論じた先行研究の多くは、今までに見てきたように、因果関係の分析には不必要に専門的なことまでとりあげながら、肝心の因果関係「による」議論については非常に浅薄でおざなりのことしか書いていない。普通、因果関係による議論とは、論点となる対象についての判断を、その対象が生み出した(あるいは将来生み出すであろう)結果や、逆にその対象を生み出した原因を根拠にして主張することであると考えられている。表面上の型式としてはこれでもいいだろう。が、具体的な議論を見ていくと、因果関係による議論と認定される最もありふれた型が、実は「論法」として一番問題を含んでいることがわかる。実例によって説明してみたい。

かつて社会学者の小室直樹氏が、『エコノミスト』に連載した「共通一次試験は必ず失敗する」という論文において、共通一次試験が将来生み出すであろう結果を予測し、その導入に警鐘を鳴らしたことがある。小室氏が予測した結果の部分を引用してみよう。

共通一次テストの場合においても、その社会的インパクトは実施以前からほぼ明白であった。それを要約すると次のようになる。

① 東大、京大などの超一流校の特権的地位は微動だにしない。一橋、旧帝大などについても、これに近いことが言える。

② わりを食うのは、横浜国立大、千葉大、埼玉大などの一流二期校である。従来なら、ともかくも一流大学の後尾に付していられたこれらの大学は、一挙に三流大学に転落するであろう。要するに、今まで東大のすべり止めであったのが、今度は早慶をはじめとする一流私立大のすべり止めとなることだろう。

皮肉なことには、共通一次テストを強力に推進したのは国立二期校であると言われるが、その実施によって、一期校・二期校の差別は解消するどころか、埋めようもないほど拡大されることになるのである。ここにも、われわれは、社会科学的分析を欠くところの単なる希望的観測に基づく改革は、意図と正反対の結果を生み出す例を発見して大変興味がある。

③かわって超特権校として登場するのが、早稲田、慶応などの一流私立大学である。例えば、早稲田の政経などは、東大文Iスレスレのレベルにまで達すると予想され、理工は東工大を追い抜くとまで言われる。こうなれば、「一流二期校」など全く比較になるまい。かつては、一流二期校の特定学部には東大スレスレといわれるものもあったが、共通一次テストの施行によって、一流私立大学がそれにかわることになる。(中略)

共通一次テストは、このような社会的インパクトを生むだけでなく、その他の意味においても、全く入試改善のために役立つわけがないことは、いくら強調してもされすぎることはない。ここにその結論をさきどりして掲げると次のようなものになる。

①それは、いかなる意味においても受験生の負担を軽減するものではなく、それどころか、何倍かに加重するものである。

②それは、コンピューターによる大量処理という必然的要請からして、ますます、形式的、画一的、○×式とならざるを得ない。この意味において、それは、現在における入試傾向の弊害を端的に拡大し強化するものである。

③　それでいて、それは、「大学入学資格試験」としての役割を演じ得るものではない。その第一の理由は、八〇％にも及ぶ私立大学入学者とは制度的に無関係であるからである。

（小室直樹「共通一次試験は必ず失敗する（上）[9]」）

小室氏は、このように、共通一次試験がもたらすであろう好ましくない結果を予測して列挙し、それらを根拠として共通一次試験の導入に反対したのである。周知のように、この小室氏の予測はほぼ百パーセント的中した。その意味では、第一級の議論文であると言ってもよい。多くの修辞学書では、この小室氏の議論のようなものを、因果関係による議論の典型的な例としてあげている。確かに型式的には因果関係による議論の体裁をとっているかもしれない。が、私は、この種の議論については、それが因果関係による議論としか呼びようがないことは十分に承知しながらも、やはり自分の論法のリストからは除外したい考えをもっている。その理由は、右の論文の場合、結果によって論じるという方法は、論者（小室氏）が選択したものではなく、論題の性質に規定された必然的なものだからである。共通一次試験に反対するのに、それがもたらすであろう不都合な結果・影響を指摘する以外にどのような論じ方があるだろうか。つまり、結果によって論じるという議論の型は、論題を定めた時点ですでに決定されてしまっていたのだ。これは共通一次試験に限らず、同様の性質をもった政策論題すべてについて言えることである。政策を論じるとは、要するにその政策によってもたらされる結果を論じることに他ならないからだ。

クリスティアン・プランタン(Christian Plantin)は、その著『議論法についての試論』(*Essais sur l'argumentation*, 1990)の中で、「因果関係の論証」(argumentation causale)と「因果関係による論証」(argumentation par la cause)とを区別している。「因果関係の論証」においては、「因果関係は、立証されたり否定されたりする主張としての資格をもっている」が、「因果関係による論証」では、「因果関係はもはや結論ではなく、論拠としての資格をもつ」ものである。[10] 要するに、「因果関係の論証」では、因果関係そのものが議論の考察対象であるのに対して、「因果関係による論証」では、因果関係は論証のための手段として使用されているにすぎないということだ。右の小室氏の議論は、表面上は因果関係による論証(議論)の型式をとっている。だが、結果によって論じることが論題の性質からして必然である以上、実質的には、この議論は、因果関係「による」議論ではなく、因果関係「を論証する」議論であると考えられるのだ。結果への言及は、あらかじめ論題によって予定されているのである。

以上が、私がこの種の議論を論法として認定することに躊躇する理由である。私にとって、論法とは、あくまでも論証のために論者によって選択される戦術に他ならない。論題に内在し、選択の余地のない議論の型は、論法とは言わないのである。従って、本章では、論題が因果関係への言及を示唆していないにもかかわらず、論者の判断でそれを論拠として使用した議論例のみを因果関係による議論として認めたい。以下の節では、その最も典型的な用法について説明する。すなわち、論点となる対象が、それ自身の性質からは弁護できない場合に、その対象を生み出した原因や、あるいはその対象がもたらした結果を指摘することによって、その正当化をねらう論法である。

2 原因による正当化

本節で言うところの「原因による正当化」は、林健太郎氏が「原因還元論」と名づけた論法とほぼ同じものである。林氏の説明を引用してみよう。

……それはある事件が起るとその原因を探し求め——それは結構であるが——それが見出されるとそれによってその事件は必然であったと見なされ、次いでそれが必然という理由で正当化される。そのようにものごとの本質をすべて原因に還元するのは人間の行動によって成り立つ社会事象に対し価値判断を見失わせるものであるが、さらにその原因論によって、その原因と見なされた事実を実態よりも著しく誇大された形でイメージさせる結果をも生む[11]。

この引用から明らかなように、林氏は「原因還元論」を否定的にとらえているのであるが、私自身は、「原因による正当化」は常に批判されるべき論法だとは思っていない。その論法を駆使した具体的な議論の中にはあるいは批判されるべきものがあるかも知れないが、論法そのものは、明らかな虚偽型式でない以上、価値判断の埒外にある。要は、それをどのように用いるかの問題である。例えば次の漱石の議論を見てみよう。この原因による正当化も批判されるべきであろうか。

一般に学生の語学の力が減じたと云ふことは、余程久しい前から聞いて居るが、私も亦実際教へて見て爾《さ》う感じた事がある。果して爾うだとすれば、それは何う云ふ原因から起こつたか。その原因を調べなければ学習の方針も教授の方針も立つものではないが、専門的にそれを調べるには、その道の人が幾何もある。私は別に纏まつた考がある訳ではないが、気付いた事だけを極くざつと話して、一般の教育者と学生の参考にしようと思ふ。——私の思ふ所に由ると、英語の力の衰へた一原因は、日本の教育が正当な順序で発達した結果で、一方から云ふと当然の事である。何故かと云ふに、吾々の学問をした時代は、総ての普通学は皆英語で遣らせられ、地理、歴史、数学、動植物、その他如何なる学科も、皆外国語の教科書で学んだが、吾々より少し以前の人に成ると、答案まで英語で書いたものが多い。吾々の時代に成つても、日本人の教師が英語で数学を教へた例がある。偬《かか》る時代には伊達に——金時計をぶら下げたり、洋服を着たり、髭を生したりするやうに——英語を使うて、日本語を用ゐる場合にも、英語を用ゐると云ふのが一種の流行でもあつたが、同時に日本の教育を日本語でやる丈の余裕と設備とが整はなかつたからでも有る。従つて、単に英語を何時間教はると云ふよりも、英語で総ての学問を習ふと云つた方が事実に近い位であつた。即ち英語の時間以外に、大きな意味に於ての英語の時間が非常に沢山あつたから、読み、書き、話す力が、比較的に自然と出来ねばならぬ訳である。

処《ところ》が「日本」と云ふ頭を持つて、独立した国家といふ点から考へると、かかる教育は一種の屈辱で、恰度、英国の属国印度と云つたやうな感じが起る。日本の nationality は誰が見ても大切である。従つて国家生存の基礎が堅固になるに伴《つ》れて、以上の様な教育は自然勢を失ふべきが至当で、又事実として漸々其の地位を奪はれたのである。実際あらゆる学問を英語の教科書でやるのは、日本では学問をした人がないから已むを得ないと云ふ事に帰着する。学問は普遍的なものだから、日本に学者さへあれば、必ずしも外国製の書物を用ゐないでも、日本人の頭と日本の言語で教へられぬと云ふ筈はない。又学問普及といふ点から考へると、（或る局部は英語で教授しても可《よ》いが）矢張り生れてから使ひ慣れてゐる日本語を用ゐるに越した事はない。たとひ翻訳でも西洋語その儘よりは可いに極つてゐる。

是が自然の大勢であるが、余の見る所では過去の日本に於いて最も著るしく人工的に英語の力を衰へしめた原因がある。それは確か故井上毅氏が文相時代の事であつたと思ふが、英語の教授以外には、出来る丈日本語を用ゐて、日本のlanguageに重きを措かしむると同時に、国語国文を復興せしめた事がある。故井上氏は、教育の大勢より見た前述の意味で、教授上の用語の刷新を図つたものか、或は唯だ「日本」に対する一種の愛国心から遣つたものか、その辺は何れとも分らないけれども、要するにこの人為的に外国語を抑圧したことが、現今の語学の力の減退に与かつて力ある事は、余の親しく目睹した所である。

以上の理由と事実で、学生の語学の力が前より衰へて来たのは誠に正当な現象で、毫も不思議がる訳はないのであるし、又同時にそれは日本の教育の進んだ証拠でもある。従つて最初当局者が恁《か》う云ふ教育方法を採る時には、既に将来語学の力の衰へることを予想すべきが当然である。然るに井上氏死後何年か後の今日に到つて、その結果が漸く現はれて、誰も彼も語学の出来ぬことを自覚し始めると、今更のやうに苦情が出て、色々な心配をする。色々な調査をする。或は教へ方が悪いのだとか、或は時間が足らぬのだとか云ひ出すのは可笑しな事である。要するに語学力の衰へた真因は、日本国体の発展と、前述の教育方法の変化にあるのだから、何等の犠牲も払はずに、日本が日本的の教育を施す方法の案出されない以上は、今更英語の力が足りないと云つて騒ぐ訳には行かない。けれども此の結果は、必然にもせよ、当然にもせよ、よくないと云ふことが事実で、良くない為めに教育上の或る方面では、非常な苦痛を感ずる以上は、出来る程度で是非共何等かの改良をしなければならぬ。改良すれば無理が出来る。無理をしなければ改良は出来ぬ。双方《どちら》も良いと云ふことはない。私は昨今、中学教育が如何なる程度まで改良せられ、又如何なる方法で施されて居るかは知らぬが、要するに何う奮発しても、非常な無理をしなければ、英語教授の上に目醒しい効果のありよう筈はないと思ふ。

（夏目漱石「語学養成法(12)」）

念のために確認しておきたいが、漱石の議論の目的は、なぜ学生の語学力が低下したのかという、その原因を探ることにあるのではない。もしそうであれば、先に説明したのと同じ理由によって、これは因果関係による議論の例ではなくなる。論文の題名が、「語学養成法」であることに注意していただきたい。漱石の言いたいことは、右に引用した文章の末尾の一文に尽きている。「要するに何う奮発しても、非常な無理をしなければ、英語教授の上に目醒しい効果のありよう筈はないと思ふ」。すなわち、語学教師として、学生の語学力を向上させる方法を求められた漱石が、それは尋常な方法では不可能であり、語学教師に過剰な期待をしてもらっては困るということを指摘しているのだ。だから、「教へ方が悪いのだとか、或は時間が足らぬのだとか云ひ出すのは可笑しな事である」。では、なぜそれが不可能なのか。その根拠として漱石が「利用」したのが、学生の語学力低下をもたらした「原因」である。曰く、「私の思ふ所に由ると、英語の力の衰へた一原因は、日本の教育が正当な順序で発達した結果で、一方から云ふと当然の事である」。その具体的な内容については、右の文章に述べられているとおりだ。学生の語学力低下と教師がそれに対して有効な手を打てないことは、もちろんそれ自身としてはあまり望ましくない状況であろう。しかし、それをもたらした原因が、日本の教育の正当な順序による発展という、「英語の知識位と交換の出来る筈のものではない」重要な出来事であったことを知る時、結果として生じたその望ましくない状況は正当化されるか、あるいは少なくとも許容されるのである。この漱石の論法は、林氏の言う「原因還元論」にそのまま当てはまる。「……それはある事件が起るとその原因を探し求め――それは結構であるが――それが見出されるとそれによってその事件は必然であったと見なされ、次いでそれが必然という理由で正当化される」。が、だからと言って、漱石の議論が、「人間の行動によって成り立つ社会事象に対し価値判断を見失わせるもので」あり、「その原因と見なされた事実を実態よりも著しく誇大された形でイメージさせる結果をも生む」ものであるとは思わない。むしろ、凡百の英語教育論が氾濫する中で、これだけ鋭く、本質をついた議論も珍しいと思っている。因果関係による議論としては、最も成功した例の一つであろう。

林氏が「原因還元論」に厳しいのは、大学紛争当時の苦い思い出が影響しているのかもしれない。先に引用した論文の中で次のように書いているからだ。「しかし、また曽ての大学紛争のことを持ち出せば、我々は当時教育学を専門とする学者の言論に最も悩まされたものであった。私がさきに指摘した原因還元論的思考はこの「専門家」の間で最も強かったのである」(13)。林氏の言うように、原因還元論あるいは原因による正当化は、教育学者や教育評論家の得意技である。彼らは、青少年が何か問題を起こすと、必ずと言ってよいほど当人以外にその行為の原因を求めようとする。例えば、中学生が痴漢行為を働いたりすると、社会に春本・笑い本の類が氾濫している状況こそがそのような行為を起こさせた原因なのだと主張するといった具合にである。

その中には「風が吹けば桶屋が儲かる」式のこじつけも多く、また原因によって個人の責任を相対化してしまうため、林氏のような硬骨漢には嫌われるのだろうが、先にも述べたように、原因を論拠とする方法自体に誤りがあるわけではない。肝心なのは、そこで指摘された因果関係が、どの程度聞く者を納得させられるかである。教育問題を対象にした因果関係による議論の例をあげてみよう。脳生理学者の千葉康則氏が、いわゆる「暴走族問題」を警察力による取り締まりだけで解決しようとしたことに異を唱えた文章である。

しかし、現代の「非行問題」の主役は、ほとんど学力不振者である、という事実を見逃して、問題の本質をとらえることはできないでしょう。家庭環境に問題があるといわれる子どももいますが、特にそうとは思えない子どももたくさんいます。また、とてもしつけがいいとは思われない子どもでも、それなりの学力があれば、めったに、いま問題になっているような「非行」には走りません。となれば、いまの若者にとって、学力不振がどういう意味を持っているのか、について考えざるを得ません。

これ以上の説明は不要と思われますが、誰かが、現代は価値の多様化の時代である、などといっているのを聞くと、首をかしげざるを得ません。そんなに多様化しているならば、学校の勉強ができないくらいで、どうして、そんなにつっぱったり、自暴自棄になったりしなければならないのか、というお説教にも説得力はあります。しかし「食足りて、礼節を知る」ということばもあるように、かりにしつけのいい子どもにとっても、進学競争での敗北は、食が足りていない以上に深刻な状況なのです。少なくとも、ここ十数年の間に、そういう状況が生まれてきたのです。

このことは、競争原理に支配された自由社会のひとつのゆきづまりを意味しており、だからこそ、問題の本質的解決には取り組みにくい事情があります。そうして、老人や身障者に対してひどく心を痛める人でも、競争社会の敗者の切り捨てには目を向けません。差別用語に敏感な人も、実在の学校名を挙げて、その三流、四流ぶりを笑いにする漫才の横行については、それほど考えません。

たしかに、低学力者のほとんどは、素質的に劣った者ではありません。低学力は本人の努力不足ともいえます。しかし、勝者が生まれるためには、必ず敗者が生まれる、というシステムを無視してもいいものか。また、暴走族をはじめとした「非行少年」たちは、大学紛争当時の大学生のように、自分たちの置かれた状況や社会のあり方について、「思想」らしく語ることもしません。そのためか、しきりに「思想」が語られた大学紛争に強い関心を寄せた人たちも、暴走族や校内暴力で「思想」を語ることはあまりないようです。（中略）

また、造反学生といまの「非行少年」は、テレビや新聞などのマスコミに登場することを期待する、という点で共通していますが、「彼らは自己顕示欲の強い人間だ」というような評に対しては、造反学生は反論したでしょう。それに対して、「非行少年」は自らを「つっぱり屋」「目立ちたがり屋」と公言して、カメラの前でVサインをつき出したりします。その点で、いまの「非行事件」の方が問題の所在をつきとめやすいとさえいえます。また、警察力の介入でも、おそらく「非行少年」たちは後退するわけにはゆかないでしょう。後退するところがないからです。

（千葉康則「暴走族から校内暴力事件へ」[14]）

もちろん、千葉氏は、暴走族を「正当化」するためにこの文章を書いたわけではあるまい。しかしながら、その執筆の動機には、明らかに、暴走族を一方的に悪者にして力で押さえつけようとする「体制」への憤りと、競争社会の犠牲者である彼らへの同情の念がある。千葉氏は、まず、「現代の「非行問題」の主役は、ほとんど学力不振者である」という事実に注意を促し、「勝者が生まれるためには、必ず敗者が生まれる、というシステム」と、「競争社会の敗者の切り捨てには目を向け」ず「実在の学校名を挙げて、その三流、四流ぶりを笑いにする漫才の横行については、それほど考え」ないという社会の風潮こそが「非行少年」を生み出した原因であることを指摘してみせた。だから、もし読者がこの因果関係に納得すれば、暴走族のような「非行少年」は、その違法行為は正当化されないまでも、少なくとも多少の理解と同情を得る存在となる。ただし、ここで千葉氏が用いた論法は、先の漱石の場合と違って、反論する意思をもった人間には容易に反論を許してしまう脆弱なものでもある。その反論の具体的な方法については、第4節でまとめて説明することにしたい。

3　結果による正当化

「結果による正当化」もまた、ペレルマンとオルブレクツ＝テュティカに、「プラグマティックな議論」(argument pragmatique) という類似の概念がある。まず、彼らの説明を聞いてみよう。

ある行為や出来事を、それがもたらす望ましいあるいは望ましくない結果に応じて評価させるような議論を「プラグマティックな議論」と呼ぼう。この議論は、議論法の中でも大変重要な役割を演じるものであるから、ある人々は、その中に、価値判断の論理学の唯一の図式を見ようと望んだほどである。——ある出来事を評価するためにはそれのもたらした結果を参照しなければならぬ、という訳だ(15)。

この「プラグマティックな議論」のうち、ある行為や出来事がそれ自身の性質からは弁護できない時、それがもたらす良い結果によってそれを正当化しようとするのが、ここで言う「結果による正当化」である。具体例を使って説明していきたい。最初にとりあげるのは、丸山真男氏の、「ある自由主義者への手紙」という有名な論文である。この論文は、ある友人から丸山氏に寄せられた「批判」に対して答えるという形式をとっているが、その「批判」を丸山氏の言葉でまとめると次のようになる。

君の僕に対する批判はいろいろ多岐にわたっているが、要するに結論としては君や僕のようなリベラルな知識人はこのますます激化する政治的思想的対立のなかでは、単に抽象的な思想や学問の自由の念仏を唱えているのでは無意味で、もっと積極的に思想の自由を否定する暴力に対して左右いずれを問わず積極的に闘うことが必要だということ、そのためには僕らがファッショに対してと同様、左の全体主義たる共産主義に対しても画然たる一線をひいて自己の主体的立場を堅持しなければならぬ、ということにあるようだ。そうして君は僕みたいな、学問的立場もマルクス主義者ではなく、性格的にはむしろコチコチの「個人主義者」が現代の典型的な全体主義たる共産主義に対してもっと決然と闘わない事に対して不満を吐露している。

これに対する丸山氏の返答を見てみよう。彼自身がプラグマティックな議論であると断っているところが興味深い。

……僕は少くも政治的判断の世界においては高度のプラグマティストでありたい。だからいかなる政治的イデオロギーにせよ、政治的＝社会的諸勢力にせよ、内在的先天的に絶対真理を容認せず、その具体的な政治的状況における具体的な役割によつて是非の判断を下すのだ。僕はいかなるイデオロギーにせよそのドグマ化の傾向に対しては、ほとんど体質的にプロテストする。僕が左右いかなる狂熱主義にも本能的に反発するのは君もよく知つている通りだ。君はその僕が、左翼絶対主義のチャンピオンであり、狂熱的革命主義者を擁しているといわれている——それは僕にいわせればなかば真実でなかば誤謬、少くも不正確だが——共産党に対して不当に寛容であるのはおかしいといつたね。形式論理的にはそうかもしれない。しかし僕は日本のような社会の、現在の情況において共産党が社会党と並んで、民主化——しかり西欧的意味での民主化に果す役割を認めるから、これを権力で弾圧し、弱化する方向こそ実質的に全体主義化の危険を包蔵することを強く指摘したいのだ。僕はまさに政治的プラグマティズムの立場に立てばこそ、一方、下からの集団的暴力の危険性と、他方支配層が偽善乃至自己欺瞞から似而非民主主義による実質的抑圧機構を強化する危険性とを比べ、また、一方大衆の民主的解放が「過剰になつて氾濫する」危険性と、他方それが月足らずで流産する危険性とを比べ、前者よりも後者を重しとする判断を下すわけだ。

（丸山真男「ある自由主義者への手紙[16]」）

リベラルを標榜する丸山氏が、右の全体主義に対しては厳しく対処するのに、「左の全体主義たる」「共産党に対して不当に寛容である」のは、確かに批判されるべき不公平な態度であろう。これに対して丸山氏は、「僕は少くも政治的判断の世界においては高度のプラグマティストでありたい」と前置きし、「日本のような社会の、現在の状況において共産党が社会党と並んで、民主化——しかり西欧的意味での民主化に果たす役割を認めるから、これを権力で弾圧し、弱化する方向」に賛成しないのだと述べている。つまり、共産党そのものは全体主義的な傾向をもっているかもしれないが、日本社会の現在の状況においてはその存在は民主化という良い結果をもたらすから自分はそれを容認する、という理屈なのだ。これが「結果による正当化」である。

もう一つ例をあげてみよう。

歴史に誤解は付きものだが、ひとつだけ糺しておきたいことがある。昭和の初めに、細井和喜蔵《ほそいわきぞう》が『女工哀史』（岩波文庫）なるルポルタージュを著し、その中で、明治、大正年間の紡績工場の女工たちが、いかに虐待され、非人間的扱いを受けたかということが、綿々と描出されている。以来今日まで、それは、悪魔の如き資本家の搾取《さくしゅ》、略奪の記録であるというように、読まれ続けてきた。

あるいはまた、『あゝ野麦峠』のような映画ともなって、女工の悲惨というものが謳《うた》い上げられてきた。確かに事態はそうであったろう。しかし、明治という時代は、資源のないわが国にとって、何よりもまず、紡績工業をもって「原始蓄積」の根本とし、近代工業化を図らなければならない時代であったのである。

従って、「女工」というものが初めて、労働力として社会化したのでもある。確かに細井和喜蔵が描くように、女工の労働は厳しかったし、結核で夭折《ようせつ》する女工も多かったが、少なくとも「女工」になることはできたわけだし、そこから日本の労働市場が拡大され、多くの人が生きて行くことも可能となったはずである。

江戸二百八十年間を通じて、日本の人口は全く増加していない。これは、出生しても直ちに間引《まび》かれたからである。つまり、子供を扶養する生活的余裕がなかったのである。

当時、中条流と呼ばれた婦人科医と助産婦がいて、暗黙の了解の下に、生まれた瞬間に殺してしまったのである。

生産力の範囲内の人口に止《とど》まらなければならないのは、いつの時代でも同様である。江戸時代の貧弱な生産力では、出生率の高さに、食糧事情が追いつかなかったのである。また当時は、妊娠率も極めて高かったはずである。「夜なべ」をしようにも、灯火の油代と比較して、経済効率は決して良くなかったのである。従って、太陽の運行とともに送る生活形態の中で、妊娠率はいやが上にも高まって行ったはずなのである。それをそのまま放置すれば、日本列島は人口過剰に陥り、飢餓《きが》状態を現出してしまうのは理の当然である。

生まれた子供を全て育てられる豊かな時代になって、昔の条件に論評を加えることは、歴史意識の欠如というものであろう。その時代にはその時代の条件というものがあり、その条件に即さなければ、人間は生きて行けなかったのである。

江戸時代の「間引き」に、現代から論評を加える前に、想像力を駆使《くし》して、当時の「水子供養《みずこくよう》」や「石地蔵」に思いを致すことの方が先決であろう。江戸二百八十年間を通じ、本来増加してしかるべき人口が、全く増加していないところに、当時の厳しい条件があったのである。

ところが明治に入り、紡績工場ができ、「女工」という労働需要がもたらされたことによって、本来間引かれるべきはずであった者が、間引かれずに済む時代が到来したのである。細井和喜蔵が描くように、女工たちは過労と結核で、三十そこそこで死んで行ったかも知れないが、そして、それは気の毒なことではあったけれども、しかし、過労と短命ながらも辛《かろ》うじて生を享《う》けることができたのであり、その上での生きる辛さもまた、明治という時代条件の、やむを得ざるところであったのである。

当時のわが国の紡績業は、外国から高価な機械を輸入した以上、二十四時間フル操業を行わなければ、経済効率を上げることができなかった。従って、昼夜兼行の三交替、四交替制もやむを得なかったのである。細井和喜蔵は、女工たちは「籠の鳥」と称され、寄宿舎に閉じ込められ、過重労働を強いられたと言うが、寄宿舎を建て、そこに住まわせることができ、間引かれもせずに、生き延びることができたということには、全く眼をつぶっているのである。そういう時代が、明治になって初めて到来したということには、ほおかぶりしているのである。（谷沢永一『「正義の味方」の嘘八百――昭和史のバランスシート』[17]）

明治・大正期の紡績工場で、女工たちが非人間的な過重労働を強いられ、過労や結核などで夭折することの多かったことは事実である。もちろん、谷沢氏も、彼女らの悲惨な境遇は十分に認めている。が、その上で、谷沢氏は次の事実を指摘する。紡績工場で働いていた女工たちが、「過労と短命ながらも辛うじて生を享けることができた」のは、「明治期に入り、紡績工場ができ、「女工」という労働需要がもたらされたことによって、本来間引かれるべきはずであったものが、間引かれずに済む時代が到来した」からであった、と。つまり、紡績工場で酷使された女工たちが少なくとも生まれることができたのは、まさにその紡績工場がもたらした結果であったということなのだ。この事実を無視し、「生まれた子供を全て育てられる豊かな時代になって、昔の条件に論評を加え」ても、それは「歴史意識の欠如というもの」であり、何を言ったことにもならない。谷沢氏は、このように論じることによって、かつての紡績工場、と言うよりも、それに象徴される近代日本の歴史を弁護しようとしているのである。

この「結果による正当化」の一変種として、「目的による正当化」がある。これは、「目的は手段を正当化する」というフレーズによってよく知られている論法だ。早速、具体例をあげてみよう。ドストエフスキーの小説『罪と罰』(*Преступление и Наказание*, 1868)の中で、主人公のラスコーリニコフがあるレストランで小耳に挟んだ、将校と大学生との会話である。

「ところで僕は君にまじめな質問を一つ提起したいんだ」と大学生はむきになった。「僕がいま言ったことは、もちろん、冗談だよ。しかし見たまえ、一方には無知な、愚劣で取るに足りない、邪悪な、誰にも用のない、いやむしろすべての人に害毒を流す、なんのために生きているのか自分でもわからないし、あしたにもひとりでに死んでいく、病気の婆あがいる。いいかい? わかるかね?」

「うん、わかるよ」と、いきりたって友人の顔をじっと見詰めながら将校は答えた。

「じゃ先に進むぜ。ところがまた一方には、救いの手がないばかりにむなしく失われていく、若い、みずみずしい力がある。しかもそれは無数に、至るところにあるんだ！　僧院へ納めることになっているあの婆あの金があれば、建設し修復することのできる、百千の立派な仕事や計画があるんだ！　数百、数千の人間が、あるいは、正しい道に立ち向かえるかもしれない、また何十という家庭が、貧困から、腐敗から、破滅から、堕落から、また性病の病院から救われるかもしれないのだ――しかもそれがすべてあいつの金によってなのだ。あいつを殺してその金を奪え。しかるのちその金の助けによって全人類と公共事業への奉仕にわが身を捧げるという条件のもとに。君はどう思うね、一つの、ほんの小さな犯罪が、幾千の善行によって帳消しにならないものだろうか？　たった一つの生命のために――数千の生命が腐敗と堕落から救われるんだぜ。一つの死にかわって、百の生命が生まれるんだ――これは単なる数学の問題じゃないか！」

（ドストエフスキー『罪と罰』(18)）

この大学生の議論には、若干の不統一が見られる。最初は、「一人の婆あ、無知、愚劣、取るに足りない、邪悪な、……」と、「無数の、みずみずしい力、……」といった具合に、量と質の両面からの比較であったものが、最後では、「一つの死にかわって、百の生命が生まれるんだ――これは単なる数学の問題じゃないか！」のように、量だけの問題に変形してしまっているからだ。が、いずれにせよ、「目的は手段を正当化する」という考えに変わりのあるものではない。右に引用した議論は、一種の思考実験として極論が述べられており、それだけにこの論法の本質が見やすくなっている。「目的は手段を正当化する」と言う。では、なぜ正当化する必要があるのだろうか。それは、この論法に現れる手段が、いずれもそれ自身としては「望ましくない」手段であるからに他ならない。目的によって正当化されなければ、とうてい容認できないような手段なのだ。これが、例えば「嘘」程度の手段であれば、その正当化はさほど難しいものではないであろう。自分が嘘をつくことによって周囲の人間が幸福でいられるというような事情があれば、その嘘はおそらく許容されるに違いない。では、「殺人」はどうか。一人の詰まらぬ人間を殺すことによって、大勢の優れた人間の命が助かるというのであれば、殺人という手段は許されるのであろうか。ペレルマンらはこう書いている。「……犯罪に崇高な目的を与えることは、人が犯人に対してのみならずその行為に対しても感じるであろう嫌悪感を減少させる。だから、政治的殺人や理想主義者の犯罪は、たとえそれらが卑劣な犯罪以上に厳しい罰を受けた時であっても、遠慮のない道徳的批判にさらされるなどということはないのである」(19)。だが、ここでペレルマンらは逃げている。なぜなら、「政治的殺人や理想主義者の犯罪」の標的にされる人間は、何らかの意味で「悪者」であるからだ。たとえそれが殺す側の価値観によるものだとしても、殺される人間は死に値するから殺されるのである。が、この「婆あ」は違う。それは確かに、「無知な、愚劣で取るに足りない、邪悪な、誰にも用のない、いやむしろすべての人に害毒を流す、なんのために生きているのか自分でもわからないし、あしたにもひとりでに死んでいく、病気の婆あ」かも知れない。しかし、少なくとも殺されるに値するようなことは何もしていないのだ。では、崇高な目的のために、そのような人間を犠牲にすることは許されるのだろうか。もし、その「婆あ」を殺して金を奪えば、数百、数千の若い命が救われるのである。――この、ドストエフスキーの問いを、ひとつの思想的問題として受け止めれば、それに明確な答えを与えることは容易ではない。が、単なる一議論として見るなら、それに反論することは簡単にできる。「目的は手段を正当化する」という論理を拡張して、自滅させるのだ。しかし、具体的には、次の第4節で説明することにしたい。

4 反論の方法

最初でも述べたように、因果関係による議論を扱った先行研究の多くが、因果推理の妥当性を検証する方法の説明にかなりの分量をあてている。だが、因果関係そのものを考察対象にした専門的議論の場合ならともかく、因果関係「による」日常議論においては、そこで説明されているような「厳密」で「科学的」な検証方法はほとんど不必要であり、何よりも実際に利用することが不可能である。もちろん、因果関係による議論に反論するには、その因果性を否定するのが最も普通の方法であろうが、それは日常議論の中では、ごく簡単な方法を用いれば十分なのだ。一例をあげよう。第2節で、教育問題を対象とした因果関係による議論の例をとりあげたが、この種の「原因による正当化」に対しては、第2章で論じた「類似からの議論」を応用して反論するのが一つの定石となっている。すでに説明したように、類似からの議論とは、「同じ本質的範疇に属するものは同じ待遇を受けるべきである」という正義原則にもとづいた論法である。この正義原則を、「同じ原因にさらされたものは同じ結果を生み出すはずである」のように変形させ、「同じ原因」が「同じ結果」を生み出していないことを指摘して、その因果関係を否定するのだ。つまり、もし、「勝者が生まれるためには、必ず敗者が生まれる、というシステム」と、「競争社会の敗者の切り捨てには目を向け」ない社会の冷たさが「非行少年」を生み出した原因であるとするならば、「学力不振者」は皆「非行少年」になっていなければならない。が、実際には大多数の者はそうなってはいない。とすれば、ここで指摘された原因は、「非行少年」の発生とは無関係であるか、あるいは多少は関係あるにしても、原因としての比重は比較的軽いのではないか。——先に定石という表現を用いたが、「原因による正当化」に対する反論としては、このやり方が日常議論では最もポピュラーである。似たような例を、現実の議論文から拾ってみよう。

……第二次世界大戦後の日本では、一気に、すべての人間が、性もと善なるものになってしまった。これは注目すべき事件である。すべての人間といっても、自ら順序があって、性もと善なるものの筆頭は子供であり、次に大きな組織を擁して強力な運動を進めている人々であり、次に、組織や運動の周囲で活発に発言しているインテリである。とにかく、この風潮によれば、人間の「本性」は善良なもので、何か悪いことがあれば、それは「現象」であって、この現象は、人間の外部から持ち込まれたものである。人間は純真無垢、悪いのは社会や政治である。勿論、こういう議論にも、人々を慰めたり励ましたりする効能はあるけれども、何処か、デパートの火事の原因を空気中の酸素の存在に求めるようなところがある。この学説は、同じ空気の中にある沢山の家に火事が起っていないという事実を、一体、どう説明するのであろう。

(清水幾太郎『わが人生の断片』[20])

「原因による正当化」に反論するには、これ以外に、同じく類似からの議論の応用である「相手の主張を不条理に帰結させる論法」(第2章第3節参照)もよく用いられる。これは、ある「原因による正当化」が誤りであることを、その内容から直接に論じるのではなく、類似の「原因による正当化」が不条理に陥ることを指摘することによって論証しようとする方法である。つまり、論の具体的な内容ではなく、その論理の枠組みを否定するのだ。短いが、典型的な例を一つあげてみる。

> 警察につかまつて、犯罪の動機をエロ映画に帰する不良少年の自己欺瞞を、いい大人がまじめに聞いてゐる図は珍妙である。金閣寺を焼いた坊主は、「金閣寺の美」そのものが犯罪の動機だと告白してゐた。金閣寺の再建はもつてのほかといふべきか。
> （福田恆存「無力の悲鳴」[21]）

この方法はまた、「目的による手段の正当化」に対する反論としてもしばしば利用される。第3節でとりあげた、『罪と罰』の大学生の議論を例にして説明してみよう。まず、「一方には無知な、愚劣で取るに足りない、邪悪な、誰にも用のない、いやむしろすべての人に害毒を流す、なんのために生きているのか自分でもわからないし、あしたにもひとりでに死んでいく、病気の婆あ」がいる。そして、「また一方には、救いの手がないばかりにむなしく失われていく、若い、みずみずしい力がある」。もし、「婆あ」を殺してその金を奪えば、「数百、数千の人間が、あるいは、正しい道に立ち向かえるかもしれない、また何十という家庭が、貧困から、腐敗から、破滅から、堕落から、また性病の病院から救われるかもしれないのだ」。では、大勢の優れた人間の命を救うという目的のために、一人の、生きている価値もないような詰まらぬ人間を殺すことは許されないことなのだろうか、というわけである。ひとまず、許されると仮定しよう。しかし、なぜ「婆あ」一人なのか。似たような「婆あ」をもう一人殺せば、単純計算で二倍の人が救われるではないか。いや、「婆あ」に限らず、金を持った「爺い」も殺せばいいではないか。殺せば殺すほど、沢山の人々が救われるのである。いっそ国中の邪悪な金持ち老人を全部殺して、その金を貧乏人に分け与えたらいい（その老人が「邪悪」かどうかは、もちろんこちらが判断するのである）。もし大学生の議論を認めてしまったら、この極端な議論も認めざるをえなくなる。千人を救うために一人を犠牲にすることが許されるなら、百万人を救うために、千人を犠牲にすることだって許されていいはずだからだ。少なくとも論理的にはそうなる。――このように、相手の主張が、「目的による手段の正当化」という理屈によってその根拠が与えられていたなら、その理屈を極端にまで押し進め、それがとうてい容認できないような不条理な主張を生み出してしまうことを指摘して、そのような理屈にもとづいた相手の主張を否定するのである。

この「相手の主張を不条理に帰結させる論法」は、「結果による正当化」をねらった議論に適用することも可能である。相手の議論は、要するに、「結果よければすべてよし」ということなのであるから、いくらでも不条理な結論に拡張することが可能だ。しかし、ここではよりオーソドックスな反論方法について説明しよう。結果を論拠にして議論を進める人は、どうしても「お気に入りの政策の、期待される好ましい結果については最大限に拡大して考え、一方、起こりうる好ましくない結果に対しては、実に取るに足りないことであるという説明を付け加えるかあるいは最初から無視してかかる」[22]という傾向がある。だから、相手が持ち出してきた好ましい結果に対抗して、こちらは同じ原因がもたらした好ましくない結果を並べて見せるのである。このやり方だと、たとえ勝つことはできないにしても、「痛み分け」ぐらいには持ち込むことができる。具体例を使って説明しよう。会田雄次氏のユニークな文明論「バサラ――集中蕩尽のすすめ」は次のように書き出される。

　ローマ郊外の東北三〇キロほどのところに、ティヴォリという人口四、五万の小さな観光都市がある。ヨーロッパでは古くから有名だったが、最近では日本人客もかなり訪れるようになった。ここの名所旧跡は二つある。一つは古代ローマ帝国のハドリアヌス帝の別荘跡、もう一つは、ヴィラ・デステ（エステ家の別荘）だが、とりわけこの後者が「ティヴォリの噴水」として世界の人々から親しまれてきたものである。

この別荘の庭園は、近くを流れる川の水をサイフォンの原理で高く汲み上げ、それを使って各種の噴水をはじめ、世界でも他に例がないほどありとあらゆる「水の曲芸」を仕込んだ広大な噴水公園である。その着想の源は、イベリア半島のアラブ人の造園法からきたのだろう。水の乏しい風土に生きたアラブ人は水扱いの名人で、今日見られるヨーロッパの噴水は彼らから学んだものである。その系列にあるとはいうものの、この庭園は、本家のそれをはるかに凌ぐ名園なのであり、現在それを見物に世界中から年間数百万人の観光客が訪れ、ティヴォリのみならずローマ近郊一帯に収入をもたらしている。

このヴィラ・デステは、ミラノの大司教となったイポリット・デステという枢機卿が一五五〇年前後に建てた個人の別荘で、彼の出たエステ家は、フェララという小さな町の城主だった。イタリアでは最も古い由緒ある貴族の家で、ルネッサンス時代には代々文芸保護者として知られるが、日本でいえば、とても加賀百万石のようなわけにはいかず、せいぜい二十万石ぐらいの中大名といったところであろう。

しかも、一五五〇年前後のイタリアといえば、経済は衰退し、あの華やかなルネッサンスの色彩もすっかり褪せてきたうえに、一五二七年にはドイツ皇帝とスペインの連合軍が侵入してきて、大殺掠、いわゆる『ローマ劫掠《ごうりゃく》』を行い、ローマの人口が十数分の一の六百《（ママ）》人にまで激減するといった惨事がおこっている。

このころから、豊かで文化が高いうえに小国が抗争していたイタリアは列強の好餌となり、その争奪戦の戦場となる。国土は荒廃し、今日の〝駄目なイタリア〟、十九世紀末の統一後も「イタリアという地名はあってもイタリアという国はない」といわれるような状況は、このときに運命づけられたといってもよいくらいなのだ。

国民がそういう苦難を予期し、暗澹たる気分に陥っているその最中に、贅沢な一人の坊主が自分の楽しみのためだけに、いわゆる「民の膏血」を絞り上げて造った、それがヴィラ・デステの名園なのである。

しかし考えてみると、なるほど当時数十万人と推定されるフェララ侯国の民百姓は数年間、そのための増税などいろいろの賦課で苦しんだろう。だが、この大司教がまったく自分の好みから、そしてそれだけに凝りに凝った何とも馬鹿馬鹿しい噴水庭園を造ったおかげで、その後数百年にわたって、この土地は大いに潤ってきた。現在もその恩恵をフルに受けているともいえるのである。今後もずっと受け続けるだろう。

百年、二百年、あるいは五百年のタイム・スパンで見れば、ともかく富を集中投下して、後世を潤すに足る観光資源を造り出した彼の所業を、単純に悪政と決めつけるわけにはいかないのだ。もちろん彼にそんな意図はまったくなかったにしてもである。(23)

最後の段落に見られるように、この会田氏の議論は、典型的な「結果による正当化」である。会田氏は右の文章に続けて、同様の事例をいくつか列挙する。例えば、インドのタジ・マハール、シャンゼリゼー通り、京都の寺社、など、それらはいずれも当時の権力者が、ただ自分の楽しみのためだけに住民を絞り上げて造ったものであるが、今日では一大モニュメントとして重要な文化遺産となっている。「つまり、はた目にはいかにも馬鹿馬鹿しい、内実性にも乏しいものを途方もない巨費と人智を尽くして造り上げたからこそ、より一般性をもって、趣味、嗜好、信仰などを異にする人々を文化の差異を乗り越えて魅きつけ、感嘆させるのだ」(24)。ここから、会田氏は、後世に残すに足る文化を作り上げるには、「途方もない金と頭脳と労働の集中的浪費が不可欠」(25)であることを指摘し、矮小人物社会となった戦後の日本を批判して、次のように述べる。

途方もない大変革は、馬鹿馬鹿しさと集中、この二つからのみ生れるものなのであり、戦後日本は、敗戦に懲りてであろう、大きな夢や理想を追求したり、その実現に献身することを否定し、片隅の幸福、親子夫婦がよりそって肌を温め合える小さな平和を求めることだけを目標として出発し、ひたすらその道を歩んで、経済発展の結果、その生活を充実というより、むしろ贅沢にすることにまで成功した。
だが、今後そのような、一億総利己主義を押し通すことを世界が許すはずがない。このままでは現在の生活の充実さえ不可能になるだろう。

これからは、軍事進出が不可なことは論をまたぬとして、いままでとは異質な個人・家庭絶対主義を超えた理念を全員がもつことを迫られる。そのためには何よりも、有効性、実益性一点張りではなく、もっと馬鹿馬鹿しいほどの無駄の追求を取り入れていく必要がある。(26)

個人的には、この結論には概ね賛成だ。が、会田氏が論拠として利用した、歴史的建造物の事例についてはー言申し上げたい。会田氏は、何よりも、「大きなタイム・スパン」で物事を眺めることを要求する。それらの建造物は、当時の権力者がただ自分の楽しみのためだけに苛斂誅求を行って造り上げたものかもしれない。しかし、「百年、二百年、あるいは五百年のタイム・スパンで見れば」それは世界中から観光客を集める人類の偉大な文化遺産となっているではないかと言うのだ。この「大きなタイム・スパン」というのが曲者である。「大きなタイム・スパン」で物事を眺めることは、いかにも視野が広くなるような気がするが、実は視野は狭くなるのだ。つまり、「百年、二百年、あるいは五百年のタイム・スパンで見れば」、百年後、二百年後、あるいは五百年後現在の結果のみが強調され、その間のことはほとんど印象に残らなくなるのである。確かに、われわれは昔の権力者が無茶をしてくれたおかげで、様々な観光名所を楽しむことができる。が、われわれが現在享受している結果だけから、彼らの行為を判断してもいいものだろうか。会田氏はもちろん、権力者の途方もない贅沢の犠牲になった民衆の悲惨さについて記述することを忘れてはいない。が、そのような悲惨な結果は、「大きなタイム・スパン」で眺めれば、遠い昔の過ぎ去ったこととして扱われてしまうのだ。当時の民衆にとっても、たった一度の人生である。「大きなタイム・スパン」で眺められてはたまったものではない。「数百年後の文化遺産のために泣いてくれ」と言われても無理な話だ。だから、「集中蕩尽」の歴史的事例を判断するのであれば、「大きなタイム・スパン」で眺めることなどせずに、それがもたらした良い結果と悪い結果を同等に比較考量すべきなのである。特に、会田氏の議論は、単に過去の権力者の行為に評価を下すのが目的ではなく、それらをわれわれのこれからの行動選択の論拠としているわけであるから、その判断には余計に慎重でなければならない。

[注]

(1) Robrieux, *Élément de rhétorique et d'argumentation*, p. 129.

（2） Cicero, *Topica*, XV. 58-XVI. 64.

（3） Perry Weddel, *Argument : A Guide to Critical Thinking*, pp. 162-65. Jeanne Fahnestock and Marie Secor, *A Rhetoric of Argument*, New York : McGraw-Hill, (1982) 1990, pp. 147-73.

（4） cf. Robert J. Connors et al., "The Revival of Rhetoric in America", in Connors et al. eds., *Essays on Classical Rhetoric and Modern Discourse*, Carbondale : Southern Illinois U. P., 1984, p. 10.

（5） Hughes and Duhamel, *Rhetoric : Principle and Usage*, pp. 269-76.

（6） アリストテレス、加来彰俊訳、『自然学』（前出の『世界古典文学全集』第一六巻　所収）194b

（7） Stephen Toulmin et al., *An Introduction to Reasoning*, pp. 226-28. その他、ミルの方法を載せているのは、Fahnestock and Secor, *A Rhetoric of Argument*, pp. 177-86. J. Michael Sproule, *Argument : Language and Its Influence*, New York : McGraw-Hill, 1980, pp. 154-56 など。

（8） 大関将一・小林篤郎訳、『ミル　論理学体系　3』、春秋社、昭和三三年、一八五―二一一ページ。

（9） 『エコノミスト』（一九七九年　一月三〇日）五〇―五一ページ。

（10） Christian Plantin, *Essais sur l'argumentation : Introduction à l'etude linguistique de la parole argumentative*, Paris : Kimé, pp. 217f.

(11) 林健太郎、「オウム事件「原因還元論」の弊」、『正論』（一九九五年 八月）七三ページ。

(12) 『漱石全集』、第一六巻、（昭和四二年）昭和五一年、六八八―九〇ページ。

(13) 林健太郎、前掲論文、八一ページ。

(14) 『やぶにらみ脳生理学』、中公文庫、昭和六二年、一二五―一二七ページ。

(15) Perelman et Olbrechts-Tyteca, *Traité de l'argumentation*, p. 358.

(16) 『増補版 現代政治の思想と行動』、一三三―一三四、一四九ページ。

(17) 講談社、一九八二年、一五一―五四ページ。

(18) 小沼文彦訳、『ドストエフスキー全集』、第六巻、筑摩書房、（昭和三八年）昭和四四年、六一ページ。

(19) Perelman et Olbrechts-Tyteca, *Traité de l'argumentation*, p. 372.

(20) 上巻、文藝春秋、昭和五〇年、一九二ページ。

(21) 『福田恆存全集』、第四巻、四一三ページ。

(22) Kienpointner, *Alltagslogik*, s. 352.

(23) 『よみがえれ、バサラの精神』、ＰＨＰ研究所、一九八七年、九―一一ページ。

(24) 同書、二七ページ。

(25) 同書、四二ページ。

(26) 同書、三七―三八ページ。

あとがきにかえて——高専柔道と学問

高専柔道とは、その名のとおり、旧制の高等学校・専門学校の学生達によって行われた柔道を言う。いわゆる講道館柔道が立ち技中心で、最初から寝技に引き込むことは禁じられているのに対し、高専柔道は引き込みを認め、締め技・関節技などの寝技を主体とした柔道であるところに特色がある。なぜこの様なスタイルの柔道ができあがったのか、その理由は定かではないが、素質が物を言う立ち技に較べて、寝技は練習しなければ絶対に上達せず、また練習すればした分だけ強くなれるというようなところがあり、それが当時の真面目な学生達に好まれたということであろう（ちなみに、東大で、最も人気のあるサークルの一つがボディビル部だそうだ。確かに、ボディビルは、トレーニング量が正確に成果に反映されるという点で、いかにも「優等生」向けのスポーツである）。

高専柔道については、井上靖氏の自伝的小説『北の海』によって知った。沼津で柔道をしながら浪人生活を送っていた伊上洪作のところに、蓮見という四高の柔道部の学生がやって来て、洪作に金沢（四高）に来ることを強く勧める。「練習量がすべてを決定する柔道というのを、僕たちは造ろうとしている。そういう柔道があると思うんです。そういう柔道があるかどうかは、僕たちが自分でやってみないことには判らない。それをやろうと思っている。僕などは体は小さいし、力はないし、素質は全くない。四高へ入って、初めて柔道衣というものを着た。練習量にものを言わせる以外、いかなるすべもないわけです。どうです、協力してくれませんか」。——洪作は、この「練習量がすべてを決定する柔道」という言葉に不思議な魅力を感じ、金沢行を決意する。

僕もまた、高校時代にこの小説を読んで、いい言葉だと思った。だから、大学院に入ったばかりの頃に、ふとこの言葉を思い出し、自分はひとつ「勉強量がすべてを決定する学問」をやってやろうと決心したのである。蓮見の言葉ではないが、僕にも学問をやる「素質は全くない」ことは十分に判っていたし、何よりも、学部時代に、素晴らしい先生方にそれこそ寄ってたかって教えられる幸福に恵まれながら、研究職に就くことなど考えたこともなかったためにほとんど勉強したことがなく、基礎学力が著しく不足しているというハンディがあった。他の院生を見ると、皆学部の早い時期から研究者を志していたようだ。遅れを取り戻すには、とにかく無茶苦茶に勉強するしかないと思った（実際、そのとおりだったのだ）。しかし、悲しいかな、最初の意気込みはすごかったものの、生来の怠惰はついに直らず、一五年後の今では逆の意味で「勉強量がすべてを決定する学問」になってしまった。考えてみれば、僕のような筋金入りの怠け者がこんな標語を思いついたこと自体が滑稽で、おそらく夢でも見ていたに違いない。ニーチェは、「夢にも責任を取れ」と言ったが（Morgenröte, 128）、もちろん、責任など取れはしない。ただ、時々は、この言葉を思い出して、自分を励ますこともある。作家の伊藤整氏は、死の床で、夫人に次のように語ったそうだ。「俺は勤勉によくやったよ。誰も褒めてくれないから、俺は自分で自分を褒めてやるよ」。こういう言葉を遺して死ねる人を羨ましく思う。──旧著で、「あとがき」など書きたくないという「あとがき」を書いたところ、尊敬する関谷一郎学兄（東京学芸大学）から、「後書きしか読まない読者がいるのだから、後書きを馬鹿にしてはいけません」というお叱りの手紙をいただいた。だから、読者への「サービス」のつもりで、形だけ、このようなことを「あとがきにかえて」書いてみた。

＊

本書も、昨年出版された『反論の技術』と同じく、明治図書編集長の江部満氏のお勧めによるものである。江部氏のご配慮がなければ、おそらくは世に出ることのなかった書物だけに、心からの感謝を申し上げたい。『反論の技術』の方は、半年と少しで、版を重ねる幸せに恵まれた。できれば本書も、と言いたいところだが、本音を言えば、楽しんで書いた本だから、これ以上は何も望まない。それでも、本書を読んで、もし「面白かった」と言ってくださる人があったなら、僕にとっては贅沢な喜びと言う他はない。最後に、大学院時代に僕を弟のように可愛がってくれた故藤田正春学兄の霊に、この小さな書物を捧げたいと思う。

平成八年五月二八日

香西秀信

ちくま学芸文庫

議《ぎ》論《ろん》入門《にゅうもん》　負《ま》けないための5つの技術《ぎじゅつ》

二〇一六年八月十日　第一刷発行

著者　香西秀信（こうざい・ひでのぶ）
発行者　山野浩一
発行所　株式会社　筑摩書房
東京都台東区蔵前二―五―三　〒一一一―八七五五
振替〇〇一六〇―八―四一二三
装幀者　安野光雅
印刷所　三松堂印刷株式会社
製本所　三松堂印刷株式会社

乱丁・落丁本の場合は、左記宛にご送付下さい。
送料小社負担でお取り替えいたします。
ご注文・お問い合わせも左記へお願いします。
筑摩書房サービスセンター
埼玉県さいたま市北区櫛引町二―六〇四　〒三三一―八五〇七
電話番号　〇四八―六五一―〇〇五三

ISBN978-4-480-09742-2　C0195